LA

POLITIQUE

NATURELLE.

TOME PREMIER.

LA
POLITIQUE
NATURELLE.

OU

DISCOURS

SUR LES

VRAIS PRINCIPES

DU

GOUVERNEMENT.

PAR UN ANCIEN MAGISTRAT.

Vis confilî expers mole ruit fuâ.
HORAT. ODE IV. Lib. III. vers 65.

TOME PREMIER.

LONDRES.
MDCCLXXIII.

PRÉFACE.

La Politique, ou l'art de gouverner les hommes ne peut être une science obscure, problématique, douteuse, que pour ceux qui ne se sont pas donné la peine de méditer suffisament la nature humaine & le but de la Société. Les vrais principes du Gouvernement seront clairs, évidents, démontrés pour tous ceux qui auront réfléchi sur ces objets importans; ils trouveront que la saine politique n'a rien de surnaturel & de mystérieux; & qu'en remontant à la nature de l'homme, on peut en déduire un Systême Politique, un ensemble de vérités intimement liées, un enchaînement de principes aussi sûrs, que dans aucune des autres connoissances humaines. Cette Politique, trop souvent méconnue par ceux qui la professent, n'a paru si peu évidente que parce que les notions fausses qu'on s'en est faites, ont empêché de la considérer sous son vrai point de vue. On la trouvera très simple quand on osera la voir sans préjugé. Les passions, les intérêts imaginaires des Princes, les idées métaphysiques de la Théologie, les menées ténébreuses des cours, ont surtout contribué à faire de la science du Gouvernement un cahos impénétrable pour les esprits, les plus exercés, les ténebres difparoîtront, dès que nous écarterons les voiles de la prévention.

On fe perfuade communément que la réforme des abus du Gouvernement eft une chofe impoffible. La pareffe des efprits s'accommode très-bien de cette maxime, & la trouve indubitable: conféquemment fort peu de Citoyens, & encore moins de Souverains daignent s'occuper des maux dont ils fouffrent également. Que l'homme de bien ne fe livre pas à ces idées décourageantes; qu'il penfe aux malheurs de fon pays, non pour les augmenter par des troubles, mais pour en chercher les caufes & pour en indiquer les remedes raifonnables, c'eft-à-dire compatibles avec le bien de la Société. Il faut de la raifon, du fang-froid, des lumieres & du tems pour réformer un Etat: la paffion, toujours imprudente, détruit fans rien améliorer. Les nations doivent fupporter avec longanimité les peines qu'elles ne peuvent écarter fans fe rendre plus miférables. Le perfectionnement de la Politique ne peut être que le fruit lent de l'expérience des fiecles, elle meurira peu-à-peu les inftitutions des hommes, les rendra plus fages, & dès lors même plus heureux. Que le bon citoyen communique donc fes idées à fa patrie; qu'il la confole des maux préfents par l'efpoir

d'un avenir plus agréable; qu'il lui faſſe entre-
voir dans cet avenir, des Princes fatigués de leurs
triſtes folies, & des Peuples laſſés du joug de
l'eſclavage: en un mot, qu'il eſpere qu'un jour
les Souverains & les Sujets, ennuyés de ſe laiſſer guider au hazard, recoüreront à la réflexion,
à la raiſon, à l'équité qui ſuffiſent pour mettre
fin aux calamités dont ils ſouffrent également.

Nul peuple ne peut être heureux, s'il n'eſt
gouverné ſuivant les Loix de la Nature, qui
conduiſent toujours à la vertu:

Nul Souverain ne peut être grand, puiſſant & fortuné, s'il ne regne avec juſtice ſur des
Peuples raiſonnables. Tels ſont les vrais principes de l'harmonie ſociale que le Gouvernement
eſt fait pour établir. Malheur aux Peuples dont
les Chefs regarderoient ces maximes comme ſé-
ditieuſes, ou comme une ſatire maligne de leur
façon de gouverner! Malheur à ces Chefs eux-
mêmes qui fermeroient alors les yeux ſur leurs
plus grands intérêts!

TABLE
DES
DISCOURS.
CONTENUS DANS CET OUVRAGE.

———————

POLITIQUE

POLITIQUE

NATURELLE.

Sommaire du Premier Discours.

DISCOURS PREMIER

DE LA
SOCIÉTÉ.

❦❦❦❦❦❦❦❦❦❦❦❦❦❦❦

§ I. *De la Sociabilité.*

Faute d'envisager les choses sous leur vrai point de vue, au lieu d'éclaircir la Politique, bien des Penseurs n'ont fait que rendre obscurs ses principes les plus simples & les plus évidents: trompés par des notions abstraites & métaphysiques, ils n'ont pu nous rendre raison du sentiment que l'on a nommé *Sociabilité*, ou du penchant qui porte l'homme à vivre avec les êtres de son espece. La Sociabilité est dans l'homme un sentiment naturel, fortifié par l'habitude & cultivé par la raison. La Nature en faisant l'homme sensible, lui inspira l'amour du plaisir & la crainte de la douleur. La Société est l'ouvrage de la Nature, puisque c'est la Nature qui place l'homme dans la Société. L'amour de la Société ou la Sociabilité est un sentiment secondaire qui est le fruit de l'expérience ou de la raison. La raison n'est que la connoissance de ce qui nous est utile où nuisible, fournie par l'expérience & la réfléxion.

A 2

L'HOMME vit en société, parce que la Nature l'y a fait naître ; il aime cette Société, parce qu'il trouve qu'il en a besoin : ainsi, lorsqu'on dit que la Sociabilité est un sentiment naturel à l'homme, on indique par là que l'homme, ayant le désir de se conserver & de se rendre heureux, en chérit les moyens ; que né avec la faculté de sentir, il préfere le bien au mal ; que susceptible d'expériences & de réflexions, il devient raisonnable, c'est à dire, capable de comparer les avantages que la vie sociale lui procure avec les désavantages qu'il éprouveroit, s'il étoit privé de la Société. D'après ces expériences, ces réflexions, cette comparaison, il préfere un état qui lui procure une existence agréable & conforme à son être à la solitude qui lui déplaît, qui l'inquiete, qui le laisseroit dépourvu de secours. En un mot, l'homme est sociable, parce qu'il aime le bien-être & se plaît dans un état de sécurité. Ces sentimens sont naturels, c'est-à-dire découlent de l'essence ou de la nature d'un être qui cherche à se conserver. qui s'aime lui-même, qui veut rendre son existence heureuse, & qui saisit avec ardeur les moyens d'y parvenir. Tout prouve à l'homme que la vie sociale lui est avantageuse ; l'habitude l'y attache, & il se trouve malheureux, dès qu'il est privé de l'assistance de ses semblables. Voilà le vrai principe de la Sociabilité.

§ II. *De l'Etat de Nature.*

LA plûpart des Philosophes nous parlent d'un *état de Nature* qui n'eût jamais d'existence que dans l'imagination. On croit qu'il fut un tems où les hommes vécurent épars, isolés, sans aucu-

ne communication avec les êtres de leur espece;
en un mot, entiérement semblables à quelques
bêtes féroces. Rien de plus chimérique & de
plus opposé à la nature humaine, que cet état de
Nature. L'homme, fruit d'une Société contractée entre un mâle & une femelle de son espece, ..;
fut toujours en Société; dès qu'il vit la lumiere
il vécut avec ses parens, avec ses freres & ses
sœurs. Ses besoins, l'habitude & l'expérience
lui rendirent cette Socité de plus en plus nécessaire; il l'augmenta lui-même, lorsque sa nature
eut fait éclore en lui le besoin de se multiplier.

Ce sentiment sera vrai, quelque systême qu'on
adopte sur la maniere dont l'homme s'est trouvé
placé dans l'ordre des êtres. Si l'on suppose le
genre humain né d'un seul homme, ce premier
homme ne tarda pas à vivre en Société, d'abord
avec sa femme, ensuite avec ses descendants.
Supposera-t-on qu'un individu de la premiere famille a pu quitter la Société où il étoit né, pour
s'enfoncer dans les déserts? Dira-t-on qu'aprés
être parvenu à l'âge où ses forces lui permirent
de travailler pour son compte, il voulut de gaî-
té de cœur se priver des avantages & des secours
qu'il avoit éprouvés, dont il avoit senti l'utilité,
qu'une habitude contractée dès l'enfance lui avoit
rendus de plus en plus nécessaires ? Lui fallut-il
des lumieres extraordinaires pour s'appercevoir
que seul il devenoit une proie facile pour des ani-
maux plus forts que lui? Eût-il besoin d'une sagacité prodigieuse pour se convaincre, qu'à l'aide
de ses parens & de ses freres il chasloit, il pê-
choit, il abbatoit des arbres, il remuoit des pier-
res, il construisoit des cabanes plus promptement

& avec bien moins de fatigue que lorfque, tout
feul, il entreprenoit ces travaux ? Si l'inconftance
de fon caractere; fi quelque paffion ou fantaifie
paffagere euffent par hazard déterminé un individu à fe féparer de fa famille, la crainte, l'ennui,
l'inquiétude, la foibleffe, le defir de fe conferver, le befoin de fe multiplier dûrent bientôt l'y
ramener; bientôt il dut fentir tout ce qu'il avoit
à perdre en s'éloignant des autres.

Rien n'eft donc plus imaginaire que cet état
de Nature que quelques Philofophes oppofent
fans ceffe à l'état de Société dans lequel l'homme
eft né, auquel l'enfance la plus tendre l'accoutu-
me, & que le defir de fe conferver, doit toujours
lui rendre utile & agréable. Nier cette vérité,
ce feroit prétendre que l'homme peut fuir volontairement fon bien-être & fe complaire dans un
état de mifere.

§. III. *Avantages de la Vie Sociale.*

Il eft vrai qu'une premiere famille en s'augmentant a dû former peu-à-peu plufieurs familles
diftinctes dont les individus, à force de s'éloi-
gner de la tige commune. purent à la fin fe méconnoître; mais elles n'en formerent pas moins
des Sociétés particulieres dont les membres s'uni-
rent pour fatisfaire leurs befoins mutuels. L'homme fut toujours néceffaire à l'homme; jamais il
ne pût ignorer ou totalement oublier les avantages qui réfultent de la réunion des forces; toujours il reconnut que l'affociation étoit propre à
lui procurer les biens, & à le mettre en état de
réfifter aux maux que la Nature lui fait alternati-

vement éprouver. Ce seroit bien peu connoître la marche de l'esprit humain, sa volonté permanente d'améliorer son sort, que de supposer qu'il ait pu de plein gré se priver d'une façon d'être qui le rendoit heureux, pour embrasser une vie triste, isolée qui le rendoit & plus foible & plus malheureux. La crainte seule des objets nouveaux avec lesquels nos yeux ne sont point familiarisés, nous force à chercher de l'appui dans nos semblables. La solitude, l'obscurité, le bruit des vents, le vaste silence de la Nature nous allarment, nous inquietent & nous obligent à recourir à la Société. Elle est un asyle contre nos ennuis, nos craintes, nos incertitudes, en un mot, contre nos maux réels ou imaginaires. L'homme, dès qu'il est avec son semblable, se sent plus fort, se croit plus en sûreté; il juge, pour ainsi dire son existence doublée.

D'un autre côté, l'homme a sans cesse besoin de sentir; plus il a de sensations, & plus il se trouve heureux. L'activité de son esprit lui rend le mouvement nécessaire; ce mouvement se multiplie à mesure qu'il est frappé par un plus grand nombre d'objets. Ainsi la Société multiplie en quelque maniere l'existence de l'homme à chaque instant; elle crée à tout moment pour lui des sensations nouvelles qui l'empêchent de tomber dans la langueur ou dans l'ennui. Le Sauvage a bien moins de sensations, que l'habitant des Sociétés policées. Plus une société est nombreuse, plus les sensations augmentent, plus les mouvemens se diversifient; plus l'homme fait d'expériences, plus sa raison se développe; plus il s'attache à ses semblables, & plus son être lui devient cher. A 4

§. IV. *L'intérêt ou le besoin rendent l'homme sociable.*

C'est donc pour leur intérêt que les hommes s'associent. La Société n'a pour objet que de les faire jouir plus sûrement des avantages que la Nature ou leurs facultés, soit corporelles, soit mentales leur procurent; il s'établit donc des rapports entre la Société & ses membres. De ces rapports nécessaires découlent des devoirs réciproques, c'est-à-dire qui lient les hommes associés. Si les parties doivent au tout, le tout doit à ses parties. Mais, dira-t-on, qu'est-ce que la Société doit à chacun de ses membres? Je réponds qu'elle lui doit le bien-être, ou de le maintenir dans la jouissance des avantages qu'il a droit de prétendre, en tant qu'ils sont compatibles avec l'association; elle lui doit la sûreté sans laquelle ces biens deviendroient inutiles. Si l'homme n'avoit rien à gagner dans la Société, il s'en sépareroit; s'il y avoit à perdre pour lui, il ne tarderoit point à la quitter, il la détesteroit. Seul, ou si l'on veut, dans l'état de Nature, il jouiroit d'une indépendance totale, il profiteroit sans partage du fruit de son travail; mais, dès qu'il trouve de l'avantage dans l'association, il est forcé de dépendre de ceux dont il connoît avoir besoin; mais l'homme ne se met pas dans la dépendance gratuitement; il ne renonce à une portion de son indépendance, que dans la vue d'un plus grand bien que ne lui procureroit l'exercice entier de sa liberté; à portée de satisfaire ses besoins, ce n'est que par le motif d'un intérêt plus fort qu'il consent à se rendre utile aux autres. La Société doit donc compenser par les bienfaits les sacrifices que chaque homme eſt obligé de lui faire; ſans cela elle les arrache par la force, ils ne ſont libres & volontaires, que lorſqu'il en réſulte un bien pour celui qui les fait. Des avantages plus réels, quoique ſouvent plus éloignés, dédommagent alors l'homme de quelques avantages immédiats, préſents & paſſagers. L'homme iſolé ſeroit totalement indépendant, mais ſon ſemblable le feroit auſſi. L'homme iſolé, lorſqu'il ſeroit le plus fort, pourroit s'emparer de ce que le travail a rendu propre à ſon ſemblable; mais deux autres hommes, en réuniſſant leurs forces, pourroient également s'emparer de ce qui appartiendroit au premier. L'homme iſolé peut ſubſiſter, mais il ſubſiſte plus aiſément, lorſqu'il eſt ſecondé. L'homme iſolé peut être heureux, mais il l'eſt encore plus, lorſque d'autres cooperent à ſon bonheur. Ainſi l'aſſociation procure des avantages réels que l'homme ſeul ſeroit incapable d'obtenir. La Société lui donne des forces; elle lui fournit des ſecours; elle lui procure des plaiſirs, enfin elle lui donne une ſûreté qu'il n'auroit point ſans elle.

Un homme qui ſeul ſeroit plus fort, plus heureux, plus induſtrieux que tous les autres, n'auroit aucun beſoin de vivre en Société. C'eſt là, ſans doute, la ſource de la conduite du plus grand nombre des Monarques & des Souverains qui, appuyés des forces d'une Société, oublient qu'ils en dépendent, ſéparent leurs intérêts des ſiens, & ſemblent vivre pour eux ſeuls au milieu des Peuples qu'ils gouvernent. Un être indépendant des autres, devient néceſſairement indifférent ou méchant.

§. V. *La Société doit le bonheur à ses Membres.*

ON voit par ce qui vient d'être dit que la Société ne peut être avantageuse pour l'homme, qu'en le faisant jouir des biens que la Nature lui fait desirer. Plus la Société lui assurera ces biens, plus elle sera parfaite, plus elle lui sera chere, plus elle lui deviendra nécessaire. En aimant ses associés, ce n'est que lui-même qu'il aime; en les secourant, c'est lui-même qu'il secourt; en leur faisant des sacrifices, c'est à son propre bonheur qu'il sacrifie. En un mot, l'intérêt, où l'amour éclairé de soi est le fondement des vertus sociales; c'est le véritable motif de tout ce que l'homme fait pour le service de ses semblables. La vertu n'est que l'utilité des hommes vivants en Société. Etre vertueux, c'est être sociable, c'est contribuer au bonheur de ceux avec lesquels notre destin nous lie, afin de les exciter à contribuer à notre propre félicité.

SI la Société ou ceux qui dirigent ses mouvemens, loin de procurer à ses membres la jouissance des avantages de leur nature, cherchent à les en priver; s'ils les forcent à des sacrifices inutiles, douloureux & gratuits; s'ils mettent des entraves à leur travail ou à leur industrie; s'ils ne lui procurent ni bonheur ni sûreté; dès lors l'homme ne trouve plus d'avantage dans l'association, il s'en sépare, autant qu'il est en lui, sa tendresse pour elle s'affoiblit; il ne peut aimer la Société qu'autant qu'elle est l'instrument de son bonheur; il finira par la détester, par la fuir, ou même par lui nuire, si elle le prive de tous les biens que sa nature lui fait desirer, ou si elle lui refuse les choses nécessaires à sa conservation.

C'est donc le vice de la Société qui rend ses membres pervers. La Nature ne les a fait ni bons ni méchants, elle leur a simplement donné l'amour d'eux-mêmes, le desir de se conserver, la volonté d'être heureux. Ces sentiments sont légitimes & deviennent des vertus, lorsqu'ils se satisfont par des voies utiles aux autres: ce sont des vices lorsqu'ils ne peuvent se satisfaire qu'aux dépens de la félicité d'autrui. La vertu est l'utilité, le vice est le dommage des êtres de l'espece humaine: l'un & l'autre sont des effets de leurs volontés ou de leurs intérêts bien ou mal entendus. Lors qu'une Nation ou ceux qui la gouvernent sont injustes ou remplissent négligemment leurs devoirs, ils relâchent ou brisent les liens de la Société; alors l'homme s'en détache; il en devient l'ennemi; il cherche son bonheur par des moyens nuisibles à ses associés; de ce que la Société ne fait rien pour lui, le gêne, ou ne lui fait que du mal, il en conclut qu'il ne lui doit rien. Les nœuds de l'association s'affoiblissent & se détruisent, à mesure qu'un plus grand nombre des individus qui la composent, détachent leurs intérêts des siens. C'est alors que chacun devient criminel & vicieux; ses actions ne sont plus dirigées que par un intérêt aveugle & personnel; l'amour de soi n'est guidé que par une imagination déréglée, par la passion, par l'ivresse. Chacun viole impunément les loix, dès qu'il le peut impunément; ou bien il emploie la ruse pour les éluder sourdement; dans une Société mal gouvernée, presque tous les membres deviennent les ennemis les uns des autres. Chacun ne vit que pour lui-même, & s'occupe fort peu de ses associés: chacun ne suit que ses passions, ne songe qu'à son intérêt perfonnel qui n'a rien de commun avec l'intérêt général ; c'eft alors que *l'homme devient un loup pour l'homme* , & que l'état de Société rend quelquefois plus malheureux que l'état du Sauvage qui s'enfonce dans les forêts.

CES principes nous feront connoître les véritables fondements qu'il faut donner à l'amour pour la Patrie & à toutes les vertus qui font les vrais foutiens des fociétés politiques ; ils ferviront à nous montrer les fources de cette indifférence dangereufe qui s'empare communément de la plupart des individus dans les Nations mal gouvernées; ils nous feront fentir l'influence néceffaire du Gouvernement fur les mœurs.

§. VI. *Du Pacte Social.*

SI l'homme eft lié à la Société, celle-ci, à fon tour, prend des engagements avec lui. Chaque individu contracte à-peu-près en ces termes avec elle. „ Aidez-moi, lui dit-il, & je vous „ aiderai de mes forces; prêtez-moi vos fecours; „ & vous pourrez compter fur les miens: tra- „ vaillez à mon bonheur, fi vous voulez que je „ m'occupe du vôtre: prenez part à mes infor- „ tunes & je partagerai les vôtres. Procurez- „ moi des avantages affez grands pour m'engager „ à vous facrifier une partie de ceux que je pof- „ fede." La Société lui répond, „ mêts en „ commun tes facultés; alors nous te prêterons „ nos fecours ; nous multiplierons tes forces ; „ nous travaillerons de concert à ta félicité ; nous „ foulagerons tes peines ; nous affûrerons ton re- „ pos , & nos efforts reunis repoufferont de

„ toi les maux que tu redoutes, avec bien plus
„ d'énergie que tu ne ferois fans nous. Les for-
„ ces de tous te protégeront ; la prudence de
„ tous t'éclairera, les volontés de tous te guide-
„ ront. L'amour, l'eftime & les récompenfes
„ de tous payeront tes actions utiles & feront le
„ falaire de tes travaux. En un mot, les biens
„ que tous te procureront, te dédommageront
„ amplement des facrifices que tu feras obligé de
„ leur faire. "

TELLES font les conditions du *Pacte Social*
qui lie l'homme à la Société & la Société à
l'homme. Il fe renouvelle à chaque inftant; l'homme tient continuellement la balance pour pefer &
comparer les avantages & les défavantages qui
réfultent pour lui de la Société dans laquelle il
vit. Si les biens l'emportent fur les maux, l'homme raifonnable fera content de fon fort; fi la Société lui affûre la poffeffion des avantages compatibles avec la nature de l'affociation, il jouit de
toute la félicité qu'il ait en droit d'en attendre.
Si au contraire les maux font pencher la balance, s'ils ne font compenfés que par de foibles
biens, la fociété perd fes droits fur lui, il s'en
fépare, la folitude eft par inftinct le premier
remede qui fe préfente à lui: il préfere de vivre
feul, lorfqu'il a vu la Société complice des
maux qu'il éprouve, ou lorfqu'il perd l'efpéran-
ce de l'y voir remédier ; le Citoyen vertueux
quitte une Patrie ingrate qu'il ne peut plus fervir,
qui fouffre qu'on l'opprime, qui méconnoit les
fervices qu'il lui rend. L'homme vicieux, quoique dans la Société, y exerce la mème licence
que s'il étoit tout feul: au milieu de fes affociés,

il vit comme s'il n'en avoit pas; il suit aveuglément ses caprices, ses fantaisies, sans égard pour
les autres, sans en prévoir les conséquences, sans
en pressentir la réaction sur lui-même.

§. VII. *Des Devoirs; de l'Obligation: des Loix
Naturelles.*

S i c'est le besoin qui force les hommes à demeurer réunis, c'est le besoin encore qui leur
fournit les moyens de maintenir leur association.
C'est donc le besoin qui les oblige ou qui leur impose des devoirs. Les devoirs ne sont que les
moyens nécessaires pour parvenir à la fin qu'on
se propose. L'expérience, qui constitue la raison, nous découvre ces moyens, elle nous fait
sentir leur nécessité, elle nous en montre l'application; ainsi c'est la raison qui donne à notre espece les Loix que l'on appelle *Naturelles*, parce
qu'elles découlent de notre nature, de notre essence, de l'amour qui nous attache à notre existence, du désir de la conserver, de l'attrait invincible que nous éprouvons pour l'utile & l'a-
gréable, & de notre aversion pour tout ce qui
nous est nuisible & fâcheux.

Pour nous imposer des devoirs, pour nous
prescrire des loix qui nous obligent, il faut, sans
doute, une autorité qui ait droit de nous commander. Refusera-t-on ce droit à la nécessité?
Disputera-t-on les titres de cette nature qui commande en souveraine à tout ce qui existe? L'homme a des devoirs, parce qu'il est homme; c'est-à-
dire parce qu'il est sensible; parce qu'il aime le
bien & fuit le mal; parce qu'il est forcé d'aimer

l'un & de haïr l'autre; parce qu'il est obligé de prendre les moyens nécessaires pour obtenir le plaisir & pour éviter la douleur.

Les devoirs de l'homme sont donc fondés sur la Nature de l'homme lui-même. Cette Nature, en le rendant sensible, le rendit sociable; en le rendant susceptible d'expérience & de raison, cette Nature lui imposa des devoirs envers les êtres de son espece. Cette même Nature attacha des récompenses à l'observation de ses loix, & en punit séverement les infracteurs: le bonheur, l'abondance, la tranquillité de la Société & de chacun de ses membres sont le prix nécessaire de la soumission à ses ordres: l'infortune, la discorde, le vice, le crime, la destruction sont les châtiments terribles attachés au refus de s'y conformer.

§. VIII. *Ces Loix Naturelles sont claires & sensibles.*

Que l'on ne dise point que ces loix n'ont point été promulguées: elles sont simples, elles sont claires, elles sont intelligibles pour tous les habitans de la terre. Tous ceux qui dans le silence des passions, rentreront en eux-mêmes pour voir ce qu'ils doivent à leurs semblables, y trouveront que tous les individus qui composent l'espece humaine, ont reçu de leur nature les mêmes droits, les mêmes desirs, les mêmes aversions, les mêmes besoins. Ils seront forcés d'en conclure que ce qu'ils desirent eux-mêmes, est la mesure de ce qu'ils doivent aux autres; vérité qui est tracée en caracteres ineffaçables dans les cœurs de tous les mortels.

L'EXPÉRIENCE nous montre que la bienveillance, l'eſtime, la reconnoiſſance, la gloire ſuivent les hommes qui agiſſent conformément aux regles de leur nature; que la haine, le mépris, l'ignominie, la deſtruction s'accumulent ſur les têtes de ceux qui violent ces devoirs. D'après cette expérience, ſans ſortir d'eux-mêmes, ils ſont récompenſés ou punis: un ſentiment prompt les avertit qu'ils ont bien ou mal fait, qu'ils ont mérité l'affection ou la haine des êtres de leur eſpece: en conſéquence ils s'applaudiſſent ou ſe condamnent au tribunal de leur propre conſcience, qui n'eſt que la connoiſſance acquiſe par l'expérience des ſentimens favorables ou nuiſibles que notre conduite doit exciter dans ceux qui en éprouvent les effets. Lorſque l'homme eſt aſſûré qu'il a fait le bien, ſa conſcience ne lui offre que des ſentimens agréables que l'on déſigne ſous les noms *d'eſtime de ſoi, de complaiſance, de contentement intérieur, de fierté*; au contraire lorſqu'il a violé les devoirs d'un être ſociable, il éprouve les mouvements incommodes de la haine, du mépris de lui-même, de la honte, de l'inquiétude, de la crainte, des remords: ſon imagination allarmée, ſa mémoire importune lui retracent ſans ceſſe le tableau de ſes aſſociés indignés. Ces états ſi différens peuvent être regardés comme la ſanction des loix naturelles: ſur le champ l'homme eſt récompenſé du bien, ou puni du mal qu'il a fait.

§. IX. *L'ignorance ſource des vices & des maux de la Société.*

On demandera peut-être pourquoi des loix que la Nature rend néceſſaires, que la raiſon dévoile,
que

que tous les hommes retrouvent dans le fond de leur propre cœur, sont si mal observées ? Comment sont-elles perpétuellement violées par des êtres que la nécessité y soumet, dont les intérêts, les desirs & les besoins sont les mêmes, dont le bonheur est attaché à ces Loix.   Je réponds que l'ignorance & le mensonge sont les vraies sources des maux dont nous voyons les Sociétés humaines affligées.   Les hommes ne sont méchants, que parce qu'ils ignorent leurs véritables intérêts : le véritable but de leurs associations, les avantages réels qu'ils pourroient en retirer, les charmes attachés à la vertu, & même souvent en quoi consiste cette vertu.   Leur ignorance se perpétue, ainsi que leur perversité, parce qu'on les trompe & sur leur vrai bonheur & sur les moyens d'y parvenir.   On les trompe sur leur propre nature que l'enthousiasme & l'imposture conspirent à combattre, & dont la tyrannie voudroit étouffer la voix. On les trompe, en leur défendant de consulter ou de cultiver l'expérience & la raison, auxquelles on substitue des phantômes, des fables, des rêveries & des mysteres. On les trompe, en détournant leurs regards d'eux-mêmes & de la Société, pour les porter sur des chimeres desquelles on fait dépendre leur félicité la plus grande. On les trompe, en ce que tout conspire à les abbreuver d'erreurs, d'opinions fausses, de préjugés, de passions qui sans cesse les mettent aux prises les uns avec les autres, & leur font croire que c'est en commettant le mal, que l'on peut se rendre heureux.

Ce n'est point la Nature qui rend les hommes vains, méchants & corrompus, c'est faute de

B

connoître, & de méditer la nature d'un être
senfible, raifonnable qui a befoin de vivre en Société, que le bonheur & la vertu font fi rares fur
la terre. Par une fuite fatale & néceffaire de
l'ignorance où font les hommes de ce qui conftitue leurs véritables intérêts, ils fe trompent
fans ceffe, & fur les objets de leurs paffions diverfes, & fur les routes qui pourroient les conduire
à la félicité.

§. X. *Origine de l'inégalité entre les hommes.*

La Nature a mis entre les hommes la même di-
verfité que nous voyons régner dans fes autres
ouvrages. Ils different entre eux d'une façon très
marquée par les forces, foit du corps, foit de l'efprit, par les paffions ou les idées qu'ils fe font
du bien-être, par les moyens, qu'ils prennent
pour les fatisfaire. Telle eft la fource de l'inégalité entre les hommes Cette inégalité, loin de
nuire, contribue à la vie & au maintien de la Société. Si tous les hommes étoient parfaitement
femblables, c'eft à dire égaux en forces ou en
talens, fi leurs organes ou leur façon de fentir
étoient les mêmes, par une fuite néceffaire, tous
auroient les mêmes paffions; toujours d'accord
dans les difcours & dans la fpéculation, (puif-
qu'ils fentiroient & verroient de la même maniere) ils feroient perpétuellement en difcorde dans
la pratique, ils ne s'occuperoient qu'à fe détruire,
parce que tous placeroient leur bonheur dans
les mêmes chofes; la Société humaine, ainfi compofée de concurrents, de rivaux, d'ennemis, fi
elle fubfiftoit quelque tems, ne tarderoit pas à fe
diffoudre.

Pour se convaincre de cette vérité, que l'on considere ce qui arrive lorsque plusieurs individus sont épris d'une forte passion pour une même femme ou pour tout autre objet; d'accord sur cet objet, il naît entre eux une émulation très forte, & ils vont jusqu'à s'entre-détruire dans la vue de le posséder. Lorsque deux Nations rivales se proposent le même objet, l'inimitié s'allume entre elles & la guerre décide leurs démêlés. L'inégalité & la diversité qui subsistent entre les hommes, sont cause que, quoiqu'ils aient une ressemblance générale, ils ne sont presque d'accord sur rien, & que chacun tend à sa maniere vers ce qu'il croit utile à son propre bonheur. De là naît cette activité avec laquelle chaque homme cherche à cacher son infériorité, & s'efforce d'atteindre les avantages qu'il croit voir dans les autres.

Cessons donc de supposer une prétendue égalité que l'on croit avoir originairement subsisté entre les hommes. Ils furent toujours inégaux. Ne déclamons point contre cette inégalité qui fut toujours nécessaire. Les forces du corps, l'agilité, l'organisation ont dû mettre une grande différence, une disproportion très marquée entre les individus de la même espece, de la même Société, ou, si l'on veut, de la premiere famille. Cette disproportion ne fut pas moins frappante pour les facultés que l'on nomme *intellectuelles*, c'est-à-dire pour l'énergie des passions, pour le jugement, pour la sagacité, pour l'esprit. L'homme foible, soit de corps, soit d'esprit, fut toujours forcé de reconnoître la supériorité du plus fort, du plus industrieux, du plus spirituel: le

plus laborieux dut cultiver un terrein plus étendu & le rendre plus fertile, que ne put faire celui
qui avoit reçu de la nature un corps plus débile.
Ainsi il y eut dès l'origine, inégalité dans les propriétés & dans les possessions.

§. XI. *Remedes à cette Inégalité.*

MAIS s'il y eût des hommes plus forts que
quelques autres, il n'y eut point d'hommes plus
forts que tous les autres. L'homme le plus ro-
buste, le plus hardi, le plus expérimenté, prit un
ascendant nécessaire sur celui ou sur ceux qui é-
toient plus foibles, plus timides, plus ignorants
que lui. Cet ascendant fut proportionné aux
besoins que l'on eut de la force, du courage,
des lumieres. Telle est l'origine de tout *pouvoir.*
Il est fondé lui-même sur la faculté de faire du
bien, de protéger, de guider, de procurer le
bonheur: ainsi l'autorité se fonde sur la nature
des hommes, sur leur inégalité, sur leurs besoins, sur le desir qu'ils ont de les satisfaire, enfin sur l'amour de leur être. L'homme plus adroit
trouve pour sa conservation & pour satisfaire ses
besoins, des ressources qui manquent à l'homme
plus fort, mais moins spirituel que lui. Enfin
l'homme d'un esprit éclairé fait compenser par
son adresse & ses ressources ce qui lui manque
du côté de la vigueur du corps; l'expérience, le
génie, & plus souvent la ruse, triomphent de la
force même & l'obligent à céder.

L'APPLICATION de ces principes suffit pour
nous éclairer sur toutes les regles de notre conduite; elle nous fera sentir ce que dans la pre-

miere de toutes les Sociétés, nous devons à ce
fexe enchanteur, à cette aimable moitié de l'espece humaine que la nature deſtine à faire le bonheur de l'homme. Si la femme eſt faite pour
plaire, l'homme eſt fait pour l'aimer: ſi la Nature lui refuſa des forces, elle lui donna des charmes: ſi elle fut privée de vigueur, elle eût en
partage des attraits faits pour ſubjuguer la force;
elle fut une ſource de délices & de voluptés qui
ſont la récompenſe & le prix de la protection,
& de la tendreſſe que l'homme doit lui accorder.
L'union des deux ſexes fait naître des enfans foibles & ſans ſecours, qui après avoir éprouvé les
ſoins tendres de leurs parents, leur rendront dans
leur vieilleſſe le prix des ſoins accordés à leur enfance.

Tout eſt échange dans la Société; l'inégalité
que la nature a miſe entre les individus, loin
d'être la ſource de leurs maux, eſt la vraie baſe
de leur félicité. Par là les hommes ſont invités
& forcés à recourir les uns aux autres: à ſe prêter des ſecours mutuels. Chaque membre de la
Société ſe voit obligé de payer par les facultés
qu'il a reçues, celles dont les autres lui font part.
Ainſi l'inégalité de force ou de talents oblige les
hommes de mettre en commun, pour le bien de
tous, ce que la nature a donné à chacun en particulier. L'homme foible de corps, mais dont
l'eſprit eſt vigoureux, guidera l'homme robuſte
& lui fournira les moyens de faire de ſes forces,
un uſage utile à ſon bonheur.

§. XII. *De l'affiſtance réciproque.*

ON voit donc que la premiere loi de toute Société eſt celle qui impoſe à ſes membres le devoir
de s'aider réciproquement: elle leur ordonne de
jouir; elle leur préſcrit d'être utiles aux autres;
elle veut que leur bonheur particulier ne ſoit que
le prix de celui qu'ils procurent à leurs aſſociés.
Elle prouve que des êtres inégaux, ſoit en force,
ſoit en talents, ont les mêmes beſoins; elle leur
fait ſentir qu'ils ont les mêmes prétentions à une
exiſtence agréable : en un mot, tout nous montre que le bien eſt l'objet de leurs deſirs, & le
mal celui de leur averſion. Telles ſont les loix
primitives faites pour toute Société. Le jugement, la réflexion, l'expérience, en un mot,
la raiſon les appliquent & les étendent aux circonſtances particulieres des différentes aſſocia-
tions & des membres qui les compoſent.

QUELQUES ſoient les erreurs des hommes, la
bizarrerie de leurs inſtitutions, la dépravation de
leurs mœurs, l'aveuglement de leurs préjugés;
toujours la raiſon leur montrera qu'ils ſe doivent
quelque choſe ; que les devoirs ſont réciproques
entre des êtres de la même nature, que l'intérêt
ou le beſoin ont raſſemblés: chacun ſentira donc
non ſeulement ſon cœur ſe révolter contre les
hommes nuiſibles, mais encore chacun ſe reprochera d'avoir contrarié lui-même le but de l'as-
ſociation. Tant que les hommes ſeront des êtres
ſenſibles; tant qu'ils aimeront leur bien-être &
craindront la douleur ; l'affection, l'eſtime, la
reconnaiſſance ſeront la récompenſe de la vertu.

LA haine, le mépris, l'infamie, les châtiments suivront le crime ou le vice. Le puissant se verra donc obligé de protéger le foible ; le riche de secourir le pauvre ; l'homme éclairé de guider le simple ; l'homme raisonnable d'aider de ses lumieres celui qui est égaré par ses passions. De la juste distibution de ces secours, résultera le bonheur de la Société.

§. XIII. *Séparation des intérêts.*

Si les hommes mettoient fidélement en masse les biens & les maux que la Nature leur dispense, si chacun donnoit à ses pareils tous les secours dont il est capable ; si jouissant lui-même, il faisoit jouir les autres, ils seroient aussi heureux, aussi égaux qu'il leur est permis de l'étre. Mais par une pente naturelle, chaque homme est bien plus occupé de son propre bonheur, que de celui des autres ; toutes ses facultés tendent à se rendre heureux lui-même ; l'amour de soi, l'intérêt, les passions sont les seuls mobiles de ses actions, sa propre utilité est le centre unique de tous ses mouvemens. Telle est la premiere impulsion que la nature nous donne ; mais cette nature l'a pareillement donnée à chacun des êtres de notre espece ; c'est par une suite de cette impulsion que nous vivons en Société. Chacun de nous reconnoît qu'il a besoin d'assistance pour parvenir au bien-être qu'il desire ; il cherche donc à faire en sorte que d'autres concourent avec lui au but qu'il se propose. Lorsque la passion le trouble, lorsque l'enthousiasme l'enivre, lorsque l'imagination le séduit, il oublie que ses associés ont les mêmes droits & les mêmes desirs que lui ; il oublie qu'au lieu de mériter leur bienveillance, il fe rend digne de leur haine, lorfqu'il leur nuit. Aveugle dans fes projets, il emploie la force ou la rufe pour parvenir à fes fins particulieres. Il faifit avec ardeur & fans choix, les moyens de fe procurer l'objet de fes vœux; phantôme que fa raifon feroit fouvent difparoître, s'il étoit dans une pofition affez tranquille pour qu'elle pût guider fa volonté: il ne voit plus que lui feul, & dans fon égarement il ne fuit que fes impulfions aveugles; peu lui importe alors fi c'eft aux dépens de ceux dont les fecours lui font néceffaires, dont l'affection lui eft utile; il eft incapable de fentir que les effets de leur inimitié lui feront funeftes à lui-même. L'homme vertueux & l'homme vicieux font également guidés par l'amour d'eux-mêmes; l'un éclairé par la raifon voit que pour être vraiment heureux, il doit travailler au bonheur des autres ou s'abftenir d'y mettre obftacle; le fecond incapable de raifon, fe flatte de pouvoir par fes propres forces & tout feul parvenir à fon bien-être: dans fon délire il efpere jouir du bonheur au milieu de l'infortune des autres.

§. XIV. *Source du Mal Moral.*

C'est à ces difpofitions de l'homme abandonné de la raifon, que l'on doit attribuer les maux dont les fociétés humaines font perpétuellement tourmentées. Telle eft la vraie fource du mal *moral*, qui n'eft que l'effort de quelques individus pour chercher leur bonheur par le malheur des autres. L'homme épris d'une paffion eft incapable de raifonner fa conduite; il ne fent pas que c'eft lui-même qu'il fert, lorfqu'il fert fes pareils; il ne voit pas qu'il s'interdit à lui-même tout droit à leurs bienfaits, à leur tendreſſe, à leur ſecours lorſqu'il leur refuſe les ſiens; ſon imagination ne lui montre que l'objet de ſes deſirs; l'enthouſiaſme lui en fait des rapports infideles qu'il n'eſt plus en état d'apprécier. Il n'eſt plus pour lui d'expérience, de réflexion, de jugement; tout devient impulſion aveugle; par ce déſordre la Société eſt troublée dans ſa tendance; ſa conſervation eſt menacée. Pour repouſſer les maux qu'elle ſouffre, elle ſe réunit contre ceux de ſes membres dont les paſſions lui ſont nuiſibles; elle leur oppoſe une force capable de les contenir. Cette force c'eſt la *Loi*, ou l'expreſſion des volontés & des intérêts de tous, oppoſé aux volontés ou aux intérêts des particuliers. La Loi eſt la raiſon de la Société qui s'éleve contre la déraiſon de quelques-uns de ſes membres, afin de les ramener au but de l'aſſociation.

LES volontés particulieres des individus ſont communément violentes, précipitées, déraiſonnables, parce qu'elles ont la paſſion pour mobile: la volonté générale eſt plus calme, parce que tous les individus, n'ayant point les mêmes paſſions, jugent ſainement de celles des autres. La paſſion de l'avare lui fait amaſſer des tréſors par toutes ſortes de voies; il eſt condamné par le prodigue & le voluptueux, qu'il condamne à ſon tour. La paſſion de l'ambitieux le détermine à chercher le pouvoir aux dépens du ſang & du repos de la Société; il eſt condamné par l'envieux dont la bile eſt irritée par les ſuccès des autres. Le vicieux condamme ſouvent les vices dont il eſt lui-même l'eſclave; il en craint les effets, il en connoît les dangers. Chaque individu eſt ſouvent injuste & mal faisant, parce qu'il a des passions; mais il est ordinairement juste, dès qu'il juge des passions des autres. Ainsi la loi de plusieurs êtres injustes peut devenir juste, quoiqu'elle soit le résultat ou la sentence d'êtres imparfaits & malfaisans les uns contre les autres.

§. XV. *Des Loix.*

LES loix, dans leur signification la plus étendue, sont les résultats des rapports nécessaires qui dérivent de la nature des choses. Cette définition s'étend aux loix physiques & morales. Mais qu'est-ce qui peut nous apprendre les rapports nécessaires de notre espece? Comment connoître les vrais devoirs qui lient les membres de la Société? Il n'y a, sans doute, que l'expérience méditée, en un mot, la raison qui püisse nous en instruire. Si c'est elle qui nous suggere de nous associer pour notre utilité, c'est encore elle qui nous apprend à découvrir les biens qu'il est de notre nature de desirer. Jamais elle ne nous trompe, parce qu'elle est toujours exempte de passions.

TOUTES les loix découlent de la raison ou des réflexions que nous faisons sur notre propre Nature: ainsi toutes les loix que la raison nous suggere, peuvent être appellées des loix naturelles, parce qu'elles sont fondées sur notre Nature. Toutes ont pour objet notre bien-être; toutes maintiennent une Société de laquelle dépend notre félicité particuliere; toutes nous obligent, parce que sans elles nous ne pouvons nous rendre heureux; toutes ont la même source, en ce qu'elles partent du desir du bonheur; toutes ont le même but, c'est-à-dire, le bien-être.

L'ON voit donc que toutes les loix font les mêmes quant au principe & au but ; elles ne varient que pour l'application ou dans les moyens divers de parvenir à la même fin ; c'eſt de là que dérivent les différentes dénominations que l'on a données aux loix. Les loix dont la raiſon nous montre la conformité immédiate avec la Nature de toute l'eſpece humaine, & qui en découlent directement, ont été appellées *Loix Naturelles*. Elles nous apprennent qu'il y a tout à gagner pour nous à vivre en Société, à la maintenir, à faire jouir nos aſſociés des mêmes avantages que nous deſirons pour nous-mêmes ; elles nous prouvent que tous les individus de la même eſpece ſont enfans de la Nature comme nous ; qu'ils ont les mêmes deſirs, les mêmes beſoins, les mêmes répugnances que nous ; que ce qui nous plait, doit leur plaire, que ce qui nuit à notre bonheur, doit exciter leur averſion.

L'HOMME, dans quelque poſition qu'il ſe trouve, eſt, à parler exactement, toujours dans l'état de Nature. Cet état ne peut ceſſer dans la Société. N'eſt-ce pas un ſentiment naturel développé par la raiſon & fortifié par l'habitude qui rend l'homme ſociable ? Ne ſont-ce pas ſes beſoins naturels qui lui rendent la Société néceſſaire ? L'homme gouverné par un Roi eſt autant dans l'état de Nature, que le ſauvage qui erre dans les forêts. Quelque choſe qu'il faſſe, quelqu'inſtitution qu'il adopte, quelque moyen qu'il imagine pour améliorer ſon ſort, il ne peut jamais ſortir de ſa nature ; il eſt toujours ſous ſes loix ; il eſt toujours également forcé de les ſuivre ; il tend inceſſamment vers le but qu'elle lui propoſe.

§. XVI. *Loix Civiles ou Positives.*

LORSQUE les Loix de la Nature sont appliquées aux intérêts, aux circonstances, aux besoins d'une Société particuliere, on leur donne le nom de *Loix Civiles.* Alors elles fixent les devoirs & les droits des membres de cette Société. Les Loix Civiles peuvent donc à certains égards être regardées comme des Loix Naturelles. Pour être justes & raisonnables, elles doivent être fondées sur la Nature des hommes, sur le desir du bonheur & sur leur répugnance pour ce qui leur est nuisible, quelque soit la forme qu'ils donnent à leur société. La seule différence vient de ce que les Loix qu'on appelle *Naturelles* par excellence, sont, comme on a vu, immédiatement fondées sur notre Nature & nécessaire à toute l'espece; tandis que les Loix Civiles, que l'on appelle aussi *Loix positives,* sont l'ouvrage de la Société ou de ceux à qui elle confie le soin de régler les volontés de ses membres. Elles sont l'application des Loix de notre Nature à des circonstances momentanées.

LES Loix naturelles sont éternelles & invariables ou faites pour durer autant que la race humaine; mais leur application, faite par la Loi civile, doit varier avec les circonstances & les besoins de la Société. Les sociétés, ainsi que tous les corps de la Nature, sont sujettes à des vicissitudes, à des changemens, à des révolutions; elles se forment, s'accroissent & se dissolvent comme tous les êtres. Les mêmes Loix ne peuvent leur convenir dans ces différents états : utiles dans un tems, elles deviennent inutiles & nuisibles

dans un autre. C'eſt alors à la raiſon publique
qu'il appartient de les changer ou de les abroger
pour le bien de la Société, qui doit être l'objet
invariable de ces Loix.

§. XVII. *Les Loix doivent procurer l'utilité
générale.*

QUELQUES ſoient ces Loix; quelques ſoient
les circonſtances qui les faſſent naître, il faut
qu'elles aient l'utilité préſente pour baſe, & qu'elles rendent heureux le plus grand nombre des individus. Toutes les Loix qui n'ont point ces ca-
ractères ſont déſavouées par la raiſon; elles ne
ſont point faites pour obliger des êtres raiſonnables; elles ne peuvent conférer de droits; elles
ſont des effets de la tyrannie & d'une violence
à laquelle la Société peut toujours s'oppoſer.

UNE Loi eſt injuſte, dès qu'elle n'a pour objet que l'utilité d'un ſeul ou d'un petit nombre,
& dès qu'elle eſt nuiſible au reſte de la Société.
Une Loi eſt injuſte, lorſqu'elle tend à relâcher
ou a détruire les liens d'une ſociété qu'elle eſt faite pour maintenir. Une Loi eſt injuſte; dès
qu'elle eſt en contradiction avec les Loix de la
Nature qui, étant eſſentielles & néceſſaires à
l'homme, ne peuvent être ni affoiblies ni abrogées. Une Loi eſt injuſte, lorſqu'elle n'a pour
fondement que la force, l'intérêt, le caprice de
ceux qui l'impoſent contre le gré de la Société.
Une Loi eſt injuſte, lorſqu'elle nuit à la Société,
quand même elle s'y ſeroit ſoumiſe de plein gré,
parce que la Société ne peut conſentir à ce qui
contrarie ſa nature & ſon but. Une Loi eſt injuſte, lorſqu'elle trouble les citoyens dans leur

propriété , dans l'ufage de leur liberté, en un mot, dans leur fûreté perfonnelle ; objets pour lesquels ils fe font affociés & dont le maintien doit être le but de toute légiflation.

§. XVIII. *Droit des gens.*

Les Loix des Nations, qui conftituent ce qu'on appelle *le droit des gens*, ne font que les loix naturelles appliquées aux différentes fociétés dans lefquelles le genre humain s'eft partagé. En effet, dira-t-on que les Nations indépendantes les unes des autres n'ont aucuns liens communs qui les uniffent, aucuns befoins qui les rendent néceffaires les unes aux autres? Comme les Rois font fans juges ; comme ils ne font foumis à aucun tribunal ; comme c'eft ordinairement la force feule qui décide leurs démélés, on a confondu le fait avec le droit ; l'on a cru que des êtres, que rien ne pouvoit contraindre, devoient avoir un code à part & de pure convention. D'après ces faux principes, l'on eut toujours beaucoup de peine à fixer les regles qui devoient les guider dans leur conduite refpective. Néanmoins pour peu que l'on y faffe attention, l'on fentira combien les conféquences de ces principes doivent produire de maux. Les Nations doivent être regardées comme des individus qui fe maintiennent dans la grande Société du monde par les mêmes loix que les individus dans chaque fociété particuliere. Il eft vrai que les Loix Civiles ou Pofitives qui lient une fociété, ne s'étendent point à une autre. Il n'en eft pas de même des Loix générales faites pour lier toute l'efpece humaine ; celles-ci ne connoiffent ni les bornes phyfiques, ni les bornes politiques que les conventions des hommes ont mifes aux différents Etats.

§. XIX. *Devoirs réciproques des Nations.*

AINSI les Nations font toujours foumifes aux Loix Naturelles: il ne leur eft pas plus permis de fe nuire, de fe détruire, de fe priver des avantages dont elles jouiffent, qu'il ne l'eft à un membre d'une fociété particuliere de nuire à un autre Citoyen. Une Nation doit à une autre Nation, ce qu'un homme doit à un autre homme; elle lui doit la juftice, la bonne foi, l'humanité, les fecours, parce qu'elle defire ces chofes pour elle-même. Une Nation doit refpecter la liberté & la propriété d'une autre Nation. Enfin, de même que les individus renoncent à une portion de leur indépendance, en faveur des avantages qu'ils reçoivent de la Société, une Nation doit faire céder une partie de fes droits, au droit de toutes les autres Nations prifes collectivement. Si une fociété peut tout faire pour fe conferver; une autre fociété doit jouir du même droit.

LA *balance du pouvoir* entre les différentes puiffances eft la volonté générale qui les oblige à obferver les loix de l'équité. Cette balance ou cette force eft pour tous les Etats, ce que le gouvernement eft pour un Etat particulier; comme lui cette balance peut devenir infidelle. La force ne donne des droits, que lorfqu'elle eft fondée fur la juftice. La grande fociété à droit de maintenir chaque fociété particuliere dans la jouiffance des avantages qui lui appartiennent. Si la juftice eft néceffaire à tous les habitans de ce monde, il exifte une juftice pour les Nations comme pour les individus, & c'eft elle qui conftitue leur Loi fuprême.

CETTE Loi n'eſt point toujours exprimée, mais la raiſon en fait ſentir la néceſſité à tous les Peuples. Chaque ſociété peut être injuſte en ſon particulier, mais toutes deſirent la juſtice & le maintien de l'ordre. Les forces réunies de toutes les ſociétés pourroient faire exécuter la Loi ou la volonté de toutes; mais rien n'eſt plus difficile que la réunion de ces forces & de ces volontés que l'intérêt, la ſéduction ou la ruſe parviennent preſque toujours à diviſer.

§. XX. *Erreurs en Politique.*

C'EST donc ſans fondement que l'on a diſtingué les devoirs des Peuples en corps, de ceux qui obligent les individus de l'eſpece humaine: l'état de violence, de diſcorde, & de guerre dans lequel la plupart des Sociétés ſont preſque continuellement les unes avec les autres, a, ſans doute, fait prendre le change ſur cette importante queſtion; il a fait naître les maximes d'un commerce de violence & de perfidie que l'on a qualifié de *Politique*. L'on a cru que des êtres qu'aucun pouvoir ne pouvoit forcer de ſe ſoumettre à la raiſon, étoient des êtres différents de tous les autres. Comme on ne voyoit point de peines & de récompenſes qui puſſent arrêter les paſſions des Sociétés particulieres, ces puiſſants individus de la grande Société du monde, on s'eſt figuré qu'il n'y avoit pour elles que les loix qu'elles-mêmes conſentoient à s'impoſer. Mais un Peuple qui en attaque un autre, ſans avoir pour motif ſa propre ſûreté; un Peuple qui n'a pour objet que d'en priver un autre des avantages que la Nature ou l'induſtrie lui procurent:

rent: un Peuple qui ne cherche qu'à satisfaire
son avarice, son ambition, en un mot, ses intérêts particuliers, differe-t-il en quelque chose
du voleur qui, dans une société particuliere, attaque son semblable, lui ravit son bien? Un Peuple qui veut jouir, exclusivement à tous les autres,
des avantages nécessaires à tous, n'est-il pas un
Tyran? Une Nation qui refuse à une autre ce
qui est d'une nécessité indispensable à sa conservation, ne mérite-t-elle pas qu'on le lui arrache
de vive force? Ne ressemble-t-elle pas alors à
un homme farouche & inhumain qui refuseroit
à un de ses concitoyens les secours les plus nécessaires, sous prétexte qu'il ne lui doit rien?
Une Nation qui veut mettre les autres dans sa
dépendence, ne mérite-t-elle pas d'être réprimée
comme un Citoyen qui attenteroit à la liberté d'un
autre? Un Souverain dont l'ambition a été souvent nuisible, ne mérite-t-il pas d'être affoibli,
abaissé, en un mot, d'être privé du pouvoir de
nuire? Un Peuple qui détruit l'ordre ou l'équilibre que toutes les Nations desirent d'établir entre elles, comme le gage de leur sûreté, comme
le remede à l'inégalité que la Nature a mise entre
leurs forces, ne doit-il pas être regardé comme
un furieux par les Peuples qui l'entourent? Un
Souverain qui viole des engagements solemnels
approuvés & garantis par les Etats intéressés à
la tranquillité publique, ne peut-il point être
puni de la même maniere que le Citoyen infidele,
parjure & turbulent dans la Société particuliere?
Dans toutes ces circonstances la Nature autorise
le peuple attaqué, opprimé, ou rejetté, à prendre tous les moyens de se conserver, de se maintenir dans ses avantages, de se procurer ceux qui
lui sont nécessaires, de repousser l'oppresseur in-

C

jufte, & de le faire rentrer dans fa nature d'être
fociable, dont fon injuftice, fa fureur, fon avarice, fon infociabilité l'avoient tiré? Bien plus,
il peut le détruire, fi fans cela il lui eft impoffible de fe conferver lui-même: c'eft alors l'homme qui combat une bête féroce. Telles font les
fondements du droit de la guerre.

§. XXI. *Sanction des Loix univerfelles.*

QUANT aux peines que les loix de la Nature
décernent contre les Sociétés que leurs paffions
portent à des crimes, elles font auffi terribles
qu'affûrées: elles paient par l'épuifement de leurs
forces, de leur fang, de leurs tréfors, leurs entreprifes infenfées; fouvent leur propre deftruction fuit leurs exploits les plus éclatants. D'un
autre côté l'abondance, la profpérité, la paix
font les récompenfes des Sociétés heureufes qui
vivent avec les autres dans la tranquillité & dans
l'union qui conviennent à des êtres Sociables.
Gardons-nous donc de croire qu'il n'y ait point
de regles communes pour les Nations; elles font
fondées fur une nature qui commande en fouve-
raine à tous les hommes, ainfi qu'à toutes les Sociétés qu'ils ont formées; elle attache des récompenfes à l'obfervation de ces regles, & des
châtiments effrayants puniffent le mépris qu'on
leur montre.

IL ne faut point confondre ces loix irrévocables avec les conventions réciproques faites entre les Nations, par lefquelles elles font conve-
nues de mettre des bornes à leurs propres fureurs, même dans le tems où leurs paffions font
dans la plus vive effervefcence. Ces conventions

nous prouvent que les Sociétés les plus injustes, au milieu même de leurs excès sont forcées de reconnoître quelquefois l'empire de la Nature, de l'humanité, de la raison.

En un mot, les loix naturelles en tout tems & en toutes circonstances sont faites pour régler nos actions. Elles sont notre force, notre guide, notre soutien. Elles font notre sûreté, notre bonheur & nos plaisirs. Elles nous lient les mains pour nous empêcher de nuire à nous-mêmes & aux autres; elles nous ordonnent de nous rendre utiles & agréables aux êtres avec qui nous vivons. Ceux qui méconnoissent ces loix, en font punis par la haine, le mépris & l'indignation de leurs semblables; ceux qui s'y soumettent, trouvent leur récompense assurée dans l'estime, dans l'ordre, & dans la paix dont ils jouissent eux-mêmes. Les hommes seront heureux, lorsque leur raison leur permettra de consulter un code que sa simplicité leur rend intelligible, & que son utilité devroit sans cesse leur tenir sous les yeux.

§. XXII. *Du Droit.*

Toutes les loix, soit naturelles soit civiles, permettent quelques actions & en défendent d'autres. La permission qu'elles donnent confere des droits. Ainsi le *Droit* est toute faculté dont l'exercice est approuvé par les loix de la Nature & de la Société. Les Droits que la Nature confere, font éternels & inaliénables; ceux que la Société accorde peuvent-être variables, passagers, conformes à ses circonstances; ils ne sont fixes & durables, que lorsqu'ils sont conformes à l'équité qui ne peut varier.

L'homme ifolé, ou fi l'on veut, dans l'état de Nature, auroit des droits fur tout ce que fes facultés peuvent lui procurer; dans l'état de Société, l'exercice illimité de fes droits deviendroit auffi funefte à lui-même qu'à fes affociés; cet exercice doit être fubordonné aux befoins de la Société, à fes circonftances, en un mot, au bien de tous. Ce qui nuit à l'affociation, nuit aux affociés, & n'eft plus un droit, c'eft un abus.

§. XXIII. *Ce qui rend les Droits juftes.*

Les actions conformes à notre nature, c'eft-à-dire, celles que les loix naturelles ordonnent ou permettent, font juftes; les actions contraires à notre nature, ou que les Loix Naturelles défendent, font injuftes. Ainfi, tout ce que les loix de notre nature permettent, eft jufte & légitime; tout ce qu'elles défendent eft injufte & illégitime. Pour qu'une loi foit jufte, il faut donc qu'elle foit conforme à la Nature; elle devient injufte, dès qu'elle la contredit. La Société n'a le droit que d'appliquer les loix de la Nature à fes befoins actuels, ou de les étendre aux circonftances particulieres dans lefquelles elle fe trouve; jamais elle ne peut y déroger ou les détruire; vû qu'alors elle travailleroit à fa propre ruine.

§. XXIV. *De ce qui eft licite ou illicite.*

Concluons de ces principes qu'il ne peut y avoir de Droits légitimes que ceux qui font fondés fur la nature, la juftice, l'utilité, l'intérêt véritable de la Société: ni la force, ni la rufe, ni la poffeffion, ni l'exemple, ni le tems, ni le filence des hommes ne peuvent conférer irrévocablement le droit d'agir d'une maniere oppofée à l'effence & au but de la Société; elle ne peut jamais perdre le droit de s'oppofer à ce qui lui déplait, de révoquer ce que l'imprudence lui a fait accorder, de faire ceffer le mal que fa foibleffe a pü là forcer d'endurer. D'un autre côté, il fuit encore qu'une action, quoique défendue par la loi civile, peut être jufte, lorfqu'elle eft conforme à la Loi Naturelle. Alors, quoique jufte, elle devient *illicite*. Pareillement une action eft injufte, lorfque défendue par la Loi Naturelle, elle eft ordonnée ou permife par la Loi Civile; dans ce cas, quoiqu'injufte, elle devient pourtant *licite*; l'injuftice eft du côté du légiflateur qui viole une loi antérieure à toute autorité humaine, & à laquelle la volonté de la Société même n'a jamais le droit de fe fouftraire.

ON trouvera peut-être que les conféquences de ces principes font dangereufes dans la pratique, en ce qu'elles tendent à troubler l'ordre, & autorifent l'homme à réclamer contre la loi civile qui très fouvent lui interdit l'ufage de ce que la Nature lui permet ou lui ordonne, & lui permet ou lui ordonne ce que la nature défend. Je réponds que cette difficulté n'eft faite que pour effrayer des hommes que l'opinion, l'habitude & le préjugé foumettent à des inftitutions vicieufes. Rien de plus commun que de voir les Loix Civiles en contradiction avec celles de la Nature ou de l'équité. Ces loix dépravées font dûes foit à la perverfité des mœurs, foit aux erreurs des Sociétés, foit à là tyrannie qui force la Nature de plier fous fon autorité: c'eſt alors l'intérêt du Légiſlateur qui fait taire la Nature; mais l'intérêt des Sujets ſe venge par des infractions multipliées, du joug qu'on leur impoſe, toutes les fois qu'ils peuvent le faire impunément.

§. XXV. *De la Propriété.*

LES hommes en s'aſſociant pour ſe mettre à portée de recevoir des ſecours, ont voulu, non ſeulement aſſûrer leurs perſonnes, mais encore la poſſeſſion des choſes néceſſaires à leur conſervation & à leur bien-être. La liberté aſſûre & la perſonne & les moyens de la conſerver; ainſi la liberté eſt la faculté d'employer toutes les voies que l'on juge propres à conduire à ſon bonheur ſans nuire à celui des autres.

MAIS il eſt impoſſible que l'homme ſe conſerve ou rende ſon exiſtence heureuſe, s'il ne jouit des avantages que ſes ſoins & ſa perſonne lui ont acquis. Ainſi les loix de la Nature donnent à chaque homme, un droit que l'on appelle *propriété*, qui n'eſt que la faculté de jouir excluſivement des choſes que le talent, le travail & l'induſtrie procurent; ce droit eſt juſte & le ſentiment qui en aſſûre la poſſeſſion s'appelle *Juſtice*. Troubler un homme dans ſa liberté & dans ſa propriété, c'eſt lui ôter les moyens de ſe conſerver & l'empêcher d'être heureux; la loi de ſa nature l'autoriſe à tout faire pour remplir ces objets; la Société doit l'en faire jouir; elle ceſſeroit d'avoir des avantages pour lui, ſi elle violoit la juſtice à ſon égard; elle ne peut lui ravir, ſa liberté, que lorſqu'elle devient nuiſible aux autres; elle ne peut le priver de ſa propriété, parce qu'elle eſt faite pour l'aſſûrer.

§. *XXVI.* *Elle est nécessaire.*

L<small>A</small> propriété a pour base un rapport nécessaire qui s'établit entre l'homme & le fruit de son travail. Si la terre produisoit sans peine de notre part, tout ce qui est nécessaire au maintien de notre existence, la propriété seroit inutile. L'air & l'eau ne peuvent être soumis à la propriété; ces éléments sont faits pour rester en commun. Il n'en est point de même de la terre, elle ne produit qu'en raison des soins & des peines qu'on se donne pour la cultiver: mais ces soins sont inégaux, ils suivent l'inégalité que la Nature, comme on a vu, met entre les forces, l'adresse & les ressources que les individus trouvent en eux-mêmes. Ainsi la propriété doit être distincte pour toutes les choses dont le genre humain ne peut jouir en commun, ou qui exigent des forces, des travaux, des talents; avantages incommunicables ou bien que la Nature donne en propre à chaque individu. Si ces avantages appartiennent exclusivement à celui qui les possède, il en est de même des objets que ces avantages procurent; ainsi un champ devient, en quelque façon, une portion de celui qui le cultive, parce que c'est sa volonté, ce sont ses bras, ses forces, son industrie, en un mot, ce sont des qualités propres à lui, individuelles, inhérentes à sa personne qui ont rendu ce champ ce qu'il est. Ce champ, arrosé de sa sueur, s'identifie, pour ainsi dire avec lui; les fruits qu'il produit lui appartiennent, de même que ses membres & ses facultés, parce que sans son travail ces fruits, ou n'existeroient point, ou du moins n'existeroient pas tels qu'ils sont

O<small>N</small> voit donc que la propriété est fondée sur

la Nature Humaine; mais elle est inégale, par
ce que la Nature a fait les hommes inégaux. La
propriété doit être distincte, parce que chaque
individu est distingué d'un autre. Telle est la
vraie source du *Tien & du mien*. Il est impossible en effet que j'aie idée de ma propriété sans
l'avoir de celle d'un autre: si mon travail & mes
facultés m'ont rendu propriétaire du champ que je
cultive, je suis forcé de reconnoître que le travail & les facultés d'un autre lui ont donné la
propriété du champ qu'il cultive pareillement.

§. XXVII. *De la Communauté des biens.*

QUELQUES Moralistes, touchés des maux
sans nombre que la distinction des propriétés fait
naître parmi les hommes, ont voulu la proscrire;
ils ont cru qu'on rétabliroit l'union & la paix entre eux en faisant disparoître une pomme de discorde qui troubloit sans cesse leur félicité: ils
se sont imaginés, que la communauté des biens
ôteroit aux mortels tout prétexte de se nuire.
Mais ces spéculations n'ont point été suffisam-
ment réfléchies; l'inégalité naturelle des hommes rend impossible l'égalité de leurs possessions
Vainement tenteroit-on de rendre toutes choses
communes entre des êtres inégaux pour la force, pour l'esprit, pour l'industrie, pour l'activité. La Société la plus sagement ordonnée ne
peut se proposer que d'empêcher ses membres
de faire les uns contre les autres, un usage dangereux de l'inégalité de leurs forces & de leurs
propriétés. Voilà le but de tout bon gouvernement: voilà le plan de toute légisation équitable:
voilà l'effet de la liberté, sans laquelle la propriété n'est jamais bien assûrée.

§. XXVIII. *Dangers de l'oifiveté.*

L'ON ne peut difconvenir que la propriété ne foit une fource de divifions. Chaque homme fe préfere à tous les autres; lorfque cet amour de foi n'eft point guidé par la Loi, l'homme, comme on l'a remarqué, perd de vue fes femblables, il oublie qu'il doit, pour fon propre intérêt, laiffer jouir les autres, afin de jouir plus fûrement lui-même. Aveuglé par la paffion exclufive qui lui montre un avantage imaginaire ou paffager, non feulement il veut fe procurer une exiftence agréable, mais encore il veut l'obtenir avec le moins de peine qu'il eft poffible. Tout travail eft une peine; toute peine eft une façon d'exifter défagréable, dont l'homme, par conféquent, défire la ceffation. Cette averfion pour le travail & la peine eft ce qu'on nomme *Pareffe*; c'eft une difpofition naturelle à tous les hommes. Cet amour de l'inertie, ce defir de jouir fans travailler, fait naître dans toutes les Sociétés un combat continuel entre les membres; chacun veut être heureux, mais fans y mettre du fien; chacun aime mieux profiter du travail des autres; chacun veut faire contribuer les autres à fon bonheur particulier. Lorfque la volonté publique, ou la Loi ceffe de maintenir l'équilibre entre les différens membres de la Société, la pareffe des uns aidée de la force, de la rufe, de la féduction, parvient à s'approprier le fruit du travail des autres.

C'EST de cette difpofition que découlent la plupart des maux des Sociétés humaines. Les Princes, les Riches & les Grands ne femblent occupés que des moyens d'envahir les fruits du travail des autres. Membres trop souvent inutiles ou nuisibles de la Société, ils s'emparent, soit de gré, soit de force, des avantages que la Nature ou l'industrie rendent propres à leurs Concitoyens : ils anéantissent leur liberté; ils violentent leurs personnes; ils usurpent leurs possessions; ils prétendent avoir acquis le droit incontestable d'être injustes, lorsque leur oppression a long-tems continué, lorsque l'ignorance, les préjugés, la foiblesse, l'inertie ont empêché les sujets de résister ou de se plaindre. Voilà comme la propriété est sans cesse violée. La plupart des peuples de la terre sont forcés de prodiguer leur sueur, leur sang & leurs trésors à des ingrats qui se persuadent que le ciel a voulu que leurs semblables travaillassent pour eux & servissent à entretenir l'orgueil, le faste & la paresse de ceux qu'ils ont eux-mêmes choisis pour les guider, les défendre & les rendre heureux.

§. XXIX. *De la Justice.*

LA paresse & les passions des hommes leur font méconnoître la justice qui, fondée sur le sentiment que nous avons de la propriété des autres, nous empêche de nous prévaloir de nos forces pour les priver des avantages que la Nature ou l'industrie leur procurent. La Justice est donc la vertu qui maintient les droits des hommes. Elle s'étend non seulement aux membres d'une même société, mais encore elle est la base de la sûreté réciproque des Nations ou des Sociétés indépendantes les unes des autres. Un peuple doit la justice à un peuple dans la grande Société humaine, par la même raison qu'un citoyen doit la juſtice à ſon concitoyen dans une ſociété particuliere. La propriété d'une Nation eſt fondée ſur les mêmes titres, que celle du Citoyen d'un Etat.

§. XXX. *Des peines & des récompenſes.*

Non ſeulement la juſtice fait jouir les membres de la Société des avantages que la Nature & leur induſtrie leur procurent, mais encore, par une diſtribution prudente & impartiale des *récompenſes*, elle fait naître en eux des motifs qui les déterminent à ſe rendre utiles les uns aux autres. Elle ſe ſert de leur tendance particuliere, de l'amour qu'ils ont pour eux-mêmes, en un mot, de l'intérêt perſonnel qui les anime, pour les faire concourir au bien général, qu'elle confond avec le leur. Ce n'eſt que de ce concours que peut réſulter la puiſſance, la ſûreté & la proſpérité d'une Société. C'eſt le but que tout gouvernement doit ſe propoſer.

D'un autre côté, cette même juſtice effraie par des châtiments ou par des Loix *pénales*, ceux à qui leurs paſſions pourroient faire méconnoître le but de l'aſſociation. Ces paſſions ſont alors obligées de céder à une crainte ſalutaire; paſſion plus forte, qui devient un motif capable de déterminer les volontés, à s'abſtenir du mal & à concourir au bonheur général qu'elles ne troubleroient point impunément. Par là les hommes vicieux ſont forcés de coopérer à un plan dont leur intérêt aveugle les empêche de ſentir l'utilité pour eux-mêmes.

§. XXXI. *De leur véritable mesure.*

L'UTILITÉ & le dommage qu'éprouve la
Société doivent être la mesure de ses récompenses & de ses châtiments. Des Loix fondées sur
cette regle sont équitables, & leur observation
tend au bonheur & à la tranquillité de la Société.
La proportion suivant laquelle ces choses sont
distribuées est le signe indubitable de sa sagesse
& de sa prospérité. D'après ce principe, on peut
établir une regle sûre pour juger de l'état d'une
Nation & de la bonté de ses institutions : elle
sera heureuse toutes les fois que les récompenses
seront invariablement le partage des membres les
plus utiles à la chose publique. Telle est la source naturelle, légitime, raisonnable des rangs,
des honneurs, des distinctions que nous voyons
établis parmi les hommes. Une Nation est injuste, & devient malheureuse, toutes les fois que
les passions, les préjugés le caprice décideront
des récompenses, ou lorsqu'elles seront ôtées à
l'utilité ; enfin elle sera parvenue au comble de
la corruption & de la misere, lorsque l'utilité
sera punie ou négligée, & lorsque l'inutilité, le
vice & le crime seront impunis, considérés, ré-
compensés.

§. XXXII. *Inégalité introduite par la Société.*

L'ON voit donc que la Société, de même que
la Nature, établit une inégalité nécessaire & légitime entre ses membres. Cette inégalité est
juste, parce qu'elle est fondée sur le but invariable de la Société, je veux dire sur sa conservation & son bonheur. Elle doit évidemment son

amour, ſes bienfaits, ſon eſtime, ſes récompenſes à ſes membres, à proportion des avantages
qu'elle en retire: elle doit ſon mépris, ſa haine,
ſes châtiments à ceux qui lui ſont inutiles ou nuiſibles. Les récompenſes, pour être juſtes, doivent ſe régler ſur les beſoins de la Société, ſur
la grandeur des biens que ſes membres lui procurent: telle eſt la regle qui doit invariablement
décider de ſon amour & de ſa conduite à ſon
égard. Mais la Société, ou ceux qui la repréſentent, de même que chacun de ſes membres,
peut être agitée par des paſſions, aveuglée par
des préjugés, en un mot, dépourvue de raiſon:
alors dans ſes affections, dans ſes haînes, dans
ſes uſages, ſes inſtitutions & ſes Loix, elle perd
ſouvent de vue, la juſte meſure de ſes ſentiments;
elle eſt pour lors dans un délire qui lui fait eſti-
mer & récompenſer ſes membres les plus inutiles
& les plus nuiſibles, mépriſer ou perſécuter ceux
qu'elle chériroit, ſi ſes paſſions lui permettoient
d'être équitable & de connoître ſes vrais intérêts. Cet aveuglement eſt une ſource féconde
d'injuſtices & de maux qui tendent à briſer les
liens de la Société & à la rendre incommode à
ſes membres.

§. XXXIII. *Des Vertus Sociales.*

QU'EST-CE que l'utilité de la Société, ſi non
la Vertu? S'abſtenir de faire du mal; ne priver
perſonnes des avantages dont il jouit, rendre à
chacun ce qui lui eſt dû; faire du bien; contribuer au bonheur des autres; leur prêter des ſecours, c'eſt être vertueux. La vertu ne peut
être que ce qui contribue à l'utilité, au bonheur,
à la ſûreté de la Société.

La premiere des Vertus Sociales eſt l'Humanité. Elle eſt l'abrégé de toutes les autres. Priſe dans ſa plus grande étendue, elle eſt ce ſentiment qui donne à tous les êtres de notre eſpece des droits ſur notre cœur. Fondée ſur une ſenſibilité cultivée, elle nous diſpoſe à leur faire tout le bien dont nos facultés nous rendent capables. Ses effets ſont l'amour, la bienfaiſance, la libéralité, l'indulgence, la pitié pour nos ſemblables. Lorſque cette vertu ſe renferme dans les bornes de la Société où nous vivons, ſes effets ſont l'amour de la Patrie, l'amour paternel, la pitié filiale, la tendreſſe conjugale, l'amitié, l'affection pour nos proches & nos concitoyens.

La Force doit être regardée comme une vertu : c'eſt elle qui défend la Société ou lui procure la ſûreté. Ses effets ſont l'activité, la grandeur d'ame, le courage, la patience, la modération, la tempérance. On doit mettre l'activité au rang des vertus ſociales, parce que les vertus qui ont pour objet le bien de la Société doivent être agiſſantes & non oiſeuſes, comme les vertus factices & chimériques introduites par l'impoſture, qui ſouvent fait un mérite d'être inutiles aux autres. L'oiſiveté eſt un vice réel dans toute aſſociation. La Société ne peut nous ſavoir gré, que des actions qui lui ſont avantageuſes ; ce ſont les ſeules qui méritent ſon eſtime, ſon approbation, & ſa reconnoiſſance.

La Juſtice eſt la vraie baſe de toutes les vertus ſociales. C'eſt elle qui tenant la balance entre les membres de la Société, la maintient dans l'équilibre ; c'eſt elle, comme on a vu, qui remédie aux maux qui pourroient réſulter de l'inégalité que la Nature a miſe entre les hommes ;

elle la fait fervir elle-même au bien général : c'eft elle qui affure aux individus leurs droits, leurs poffeffions, leurs propriétés, leur perfonne, leur liberté, & les met à couvert des entreprifes de la force & des embûches de la rufe. C'eft elle qui les oblige à la bonne foi, à la fidélité dans leurs engagements, & qui bannit du commerce le menfonge, la fraude, la furprife: enfin c'eft la Juftice qui par des Loix équitables & par une fage diftribution des récompenfes & des peines, excite à la vertu, réprime le vice & ramene à la raifon, ceux qui feroient tentés d'acheter leur bien-être momentané par l'infortune de leurs femblables.

§. XXXIV. *Sont néceffaires.*

TELLES font les difpofitions que la Société doit exiger de fes membres ; tout nous en montre l'utilité. Elles font néceffaires & invariables, parce qu'elles font fondées fur notre nature & fur les befoins conftants de notre efpece ; l'expérience nous prouve qu'à mefure que leurs liens fe relâchent, les Nations deviennent plus malheureufes : lorfqu'ils fe rompent, la diffolution de la Société en eft la fuite inévitable. En un mot, tout nous prouve que fans juftice, nulle fociété ne pourroit fubfifter. Le gouvernement & la légiflation ne doivent avoir pour objet que de la faire obferver ; dès qu'ils perdent de vue cet objet important, ou dès qu'ils s'écartent eux-mêmes de l'équité, la Société ne raffemble plus que des êtres en difcorde, dont les intérêts fe féparent & qui ne femblent rapprochés que pour fe nuire: c'eft alors que l'état de Société devient fouvent plus défagréable que l'état fauvage. Il eft plus avantageux de vivre feul, que de vivre entouré d'êtres injuftes & perpétuellement occupés à fe difputer & s'arracher les bienfaits de la Nature.

§. XXXV. *Objet du Gouvernement.*

LE bonheur de la Société eſt la fin de tout Gouvernement. C'eſt pour être plus tranquilles & plus heureux; c'eſt pour jouir paiſiblement du fruit de leurs travaux; c'eſt pour être protégés contre les vices du dedans & les entrepriſes du dehors, que les hommes réunis conſentent à dépendre d'une volonté puiſſante qui repréſente les volontés de tous. Quelque ſoit la forme qu'une Nation ſoit convenue de donner à l'autorité qu'elle mit au-deſſus de ſa tête; quelque ſoit l'étendue qu'elle lui ait accordée, elle ne put ni ne voulut jamais lui conférer le droit d'être injuſte, de la rendre miſérable; elle n'eut jamais le deſſein de détériorer ſon ſort. Raſſemblés eux-mêmes par les beſoins de leur nature, par le deſir du bonheur, pour obtenir des ſécours, dira-t-on que les hommes voulurent dépendre d'une force qui les privât des avantages néceſſaires à leur être? La Société voulut-elle que le lien commun qui rapprochoit ſes parties, devînt l'inſtrument fatal de ſa diſſolution? Gardons-nous de le croire. Si, dans le délire du préjugé, de l'ignorance ou de l'enthouſiaſme, une Société fut aſſez aveugle pour renoncer à ſes droits; ſi, ſubjuguée par la force, une violence momentanée lui arracha les titres inaliénables de ſa nature, ne croyons point qu'elle ait perdu le droit de ſe plaindre, de ſe défendre, de réclamer contre une uſurpation à laquelle tout lui défend d'acquieſcer. Les droits de la Société ſont par leur nature éternels & inaliénables, ceux de la violence ne peuvent jamais devenir des droits ſacrés.

§. XXXVI.

§. XXXVI. *Source de l'autorité.*

LORSQUE, guidés par le flambeau de la raison, nous remonterons aux vraies sources de l'autorité, nous demeurerons convaincus que la justice est sa vraie base; que la réunion des intérêts fait sa force; que le bonheur des hommes est le but dont le gouvernement ne doit jamais s'écarter, & que ce bonheur ne peut exister sans vertu. Nul homme ne renonce gratuitement à son indépendance naturelle ; nous ne consentons à nous soumettre aux volontés des autres, que dans l'espoir d'un plus grand bien qu'il n'en résulteroit pour nous en suivant nos propres volontés. Le citoyen n'obéit à loi, à la volonté publique, à l'autorité souveraine, que parce qu'il espère qu'elles le guideront plus sûrement vers le bonheur durable, que ses volontés particulieres & ses fantaisies qui l'en écartent très souvent. L'autorité d'un Pere sur ses enfans n'a d'autre fondement, & l'obéissance de ceux-ci n'a d'autre motif, que le bien qui doit en résulter pour eux. L'autorité du Citoyen opulent & puissant est reconnue du pauvre, parce que celui-ci attend de lui de la protection & des secours. L'autorité de la Société est fondée sur les avantages qu'elle procure à ses membres. Enfin l'autorité de ceux qui gouvernent les peuples, ne se fonde que sur les biens que leurs talents, leurs soins & leurs vertus répandent sur les Nations.

SOMMAIRE DU SECOND DISCOURS.

D U

GOUVERNEMENT.

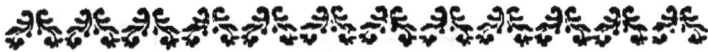

§. I. *Ce que c'est que gouverner.*

GOUVERNER, c'est obliger les membres d'une Société à remplir fidélement les conditions du Pacte Social. C'est les inviter ou les forcer à concourir au bien public ou à montrer des vertus. Si les hommes avoient été raisonnables, ils n'auroient pas eu besoin de se soumettre à l'autorité : content de jouir lui-même, chacun auroit laissé jouir les autres ; la réflexion lui auroit montré que le bien-être de chaque individu étroitement lié à celui de ses semblables, ne peut sans danger en être séparé : chacun auroit donc rendu fidélement à ses pareils, les secours qu'il en auroit reçus, ou qu'il avoit lieu d'en attendre. Aussi heureux que sa nature le comportoit, il n'auroit point voulu tourner contre les autres, les avantages du corps & de l'esprit qui lui donnoient de la supériorité sur eux : rien ne l'auroit obligé à mettre des bornes à l'usage de ses facultés. L'homme seroit demeuré libre, parce qu'il n'auroit été soumis qu'aux loix de sa nature ; sa personne &

ses biens auroient été en sûreté, parce que personne n'auroit songé à les envahir. Le foible n'auroit point eu besoin de la protection du fort. L'homme instruit auroit mis de plein gré en commun ses lumieres & ses talens. En un mot, rien n'auroit déterminé des êtres bienfaisants & heureux à se priver gratuitement de leur indépendance dont aucun d'entre eux n'auroit été tenté d'abuser.

Mais les hommes naissent avec des passions; les unes retenues ou dirigées par la raison, c'est-à-dire, par un intérêt éclairé, deviennent utiles; les autres, guidées par l'intérêt aveugle, par l'imagination, par l'ignorance, par l'imposture sont toujours funestes à la Société & à ses membres; elles font perdre de vue à ceux qui en sont possédés, le but de l'association où ils vivent, les secours qu'ils doivent aux autres & qu'ils ont le droit d'en recevoir, en un mot, les besoins & les desirs qui leur sont communs. Il fallut donc suppléer à la raison par une force qui la représentât, qui fit exécuter ses regles & ses loix, qui ramenât au bien général les intérêts particuliers, dès qu'ils sembloient s'en écarter: on dut s'appercevoir que sans cela la Société, loin de procurer des avantages, ne feroit que rapprocher des êtres malfaisants & les mettre à portée de se nuire. En effet, si chacun ne s'occupoit qu'à poursuivre les objets de ses passions particulieres, sans songer à ceux qui font également l'objet des passions des autres, ces divers genres d'intérêts troubleroient à chaque pas la marche de la Société, & feroient naître à tout moment parmi ses membres, une rivalité, une guerre très dangereuse. Les plus puissants accableroient les

plus foibles, les plus adroits féduiroient les plus
fimples ; en un mot, chacun n'emploieroit fes
facultés que d'une maniere préjudiciable à fes pareils ; & les individus, victimes alternatives de
la violence & de l'artifice, fe rendroient mutu-
ellement la vie infupportable.

§. II. *Utilité du Gouvernement.*

Pour prévenir ces inconvénients, chaque Société fentit le befoin de fe foumettre à une volonté à une force, en un mot, à une autorité
qui eut le droit de commander à tous fes membres ; elle fe fixa un centre commun auquel toutes les volontés, les facultés, les tendances particulieres vinffent en quelque façon aboutir : ce
centre devint un mobile qui après avoir une fois
reçu l'action, l'impulfion ou le mouvement de
la fphere totale, dut réagir fur toutes fes parties. Chaque individu renonça donc pour fon
bien à une indépendance dont l'exercice ne pouvoit être que funefte à lui-même & aux autres ;
il foumit fa volonté, fes facultés & fes actions à
la force centrale deftinée à mettre le tout en
mouvement.

§. III. *Sa définition.*

Le Gouvernement eft donc la force établie
par la volonté publique pour régler les actions de
tous les membres de la Société, & les obliger de
concourir au but qu'elle fe propofe : ce but eft
la fûreté, le bonheur, la confervation du tout
& de fes parties.

§. IV. *Distinction des Souverains & des Sujets.*

LE Gouvernement étant ainsi fixé, il s'établit de nouveaux rapports. Un ou plusieurs individus commanderent, les autres obéirent. Les uns furent chargés de vouloir, les autres d'exécuter ce que les premiers voudroient. Les uns devinrent des *Souverains*, les autres des *Sujets*. Mais quels furent les limites du commandement & de l'obéissance? Elles demeurerent invariablement fixées par la justice, par l'intérêt général de la Société. Ces bornes furent réciproques, & les mêmes pour le Souverain & pour le Sujet; l'autorité est légitime, dès qu'elle procure le bien-être; l'obéissance est raisonnable & doit être volontaire, dès que le bonheur en dépend. Obéir à des loix justes, émanées d'une autorité que la Société approuve, c'est obéir à la Société, c'est se soumettre à la raison publique pour son propre avantage. Obéir à des loix injustes, émanées d'une autorité contraire à la Nature & au but de la Société, c'est obéir à la passion, au caprice & à la déraison.

TELS sont les principes généraux sur lesquels la raison nous montre que tout Gouvernement est fondé. Examinons maintenant de quelle maniere il a dû s'établir.

§. V. *Origine du Gouvernement.*

CE seroit donner une carriere trop vaste à l'imagination ou à des conjectures inutiles, que de vouloir deviner quelle a pu être l'origine des différens Gouvernemens que nous voyons établis sur la terre. Il y auroit peu de philosophie à supposer que tous se fussent formés de la même maniere, ou à vouloir les ramener à un modele unique. Des circonstances, des idées, des passions différentes, en un mot, des besoins variés à l'infini ont dû les faire naître; des forces, des moyens, des événemens divers ont dû les accroître & les soutenir; des causes multipliées ont dû les affoiblir & les conduire plus ou moins lentement à leur dissolution.

TENTONS cependant de suivre la marche de l'esprit humain & des Sociétés dans l'établissement de leurs Gouvernements: nous ne risquerons guere de nous tromper, lorsque nous partirons d'après les sentiments les plus généraux & les idées les plus naturelles aux êtres de notre espece.

§. VI. *Il a toujours subsisté.*

LES hommes, à parler exactement, ont toujours été gouvernés. Cette vérité ne paroîtra point étrange, pour peu que l'on y fasse d'attention. Si l'homme est le fruit d'une Société dans laquelle son enfance reçut des secours, & à laquelle ses besoins l'attacherent dans l'âge mûr, il fut au moins sous le Gouvernement de son pere. Quelque système que l'on adopte sur l'antiquité du monde, soit qu'on le suppose éternel, soit qu'on ne lui donne qu'un nombre d'années limité; soit que tous les hommes descendent d'un seul, soit que le genre humain ait toujours subsisté dans un état à-peu-près pareil à celui où nous le voyons, il y eut toujours des Sociétés. Au moins y eût-il une famille qui reconnut un chef;

cette famille dut à la fin devenir si nombreuse, qu'elle ne put être plus long-tems gouvernée par un seul homme. Le pouvoir, le respect, la soumission accordés au premier pere de famille, qui fut le premier Roi, dûrent se partager entre ceux qui lui succéderent, & même s'altérer, s'affoiblir & s'anéantir tout-à-fait. De nouveaux intérêts, des besoins, des circonstances différentes produisirent des disputes, des guerres, des émigrations, des révolutions, & firent naître des Sociétés nouvelles. D'un autre côté, des calamités générales, telles que les pestes, les famines, les tremblements de terre, les inondations subdiviserent quelques Sociétés & bannirent de leurs anciennes habitations, ceux qui en étoient échappés. Mais quelque fût leur sort, jamais ces troupes errantes & arrachées de leurs demeures primitives, ne purent totalement oublier qu'antérieurement elles avoient déjà vécu sous un Gouvernement quelconque. C'est de l'un de ces points qu'il faut partir, lorsque nous voudrons remonter à la source non chimérique des Gouvernements actuels.

§. VII. *L'utilité, premiere source de l'Autorité Souveraine.*

CES Sociétés éparses s'étant trouvées au bout d'un certain tems dans une situation plus tranquille, songerent à rétablir chez elles un Gouvernement; leurs yeux dûrent naturellement se tourner vers les personnes de qui elles avoient reçu le plus de bienfaits, & de qui elles croyoient avoir encore lieu d'en espérer. La bonté, l'utilité, voilà les titres naturels pour commander à des hommes ; ils firent, fans doute, les premiers Souverains. Plus on s'enfoncera dans la nuit de l'antiquité, plus les foibles lueurs qui nous reſtent de ces tems ténébreux nous prouvent que les premiers Rois, ainſi que les premiers Dieux, furent des bienfaiteurs du genre humain. Les *Oſiris*, les *Hermès*, les *Triptolêmes* furent les chefs & les guides de Peuples ſauvages & groſſiers qui, après leur avoir accordé l'Autorité Suprême pendant leur vie, étendirent leur reconnoiſſance au delà du tombeau, & révérerent comme des Divinités, les perſonnages utiles auxquels ils avoient précédemment obéi.

Les hommes qui avoient été en butte à des entrepriſes violentes, à des invaſions ſubites de la part d'autres Sociétés voiſines, ſe rapprocherent pour leur défenſe mutuelle : dans le choix de leurs Chefs, ils dûrent jetter les yeux ſur ceux qu'ils jugerent les plus capables de les défendre. La force eſt la premiere des vertus pour une Société raſſemblée par la foibleſſe & la crainte : elle lui devient la plus néceſſaire de toutes. On nous dépeint les *Hercule*, les *Théſée* & preſque tous les premiers héros, comme doués d'une force extraordinaire, d'un courage invincible & la fable nous raconte leurs exploits étonnants.

Le choix libre des hommes dut encore les ſoumettre ſouvent à la prudence, à la ſageſſe, à la vertu, mais ſur-tout à cette grandeur d'ame, à cette ſupériorité de raiſon, de talents & de lumieres qui lui font ſubjuguer le vulgaire, étonné de trouver dans ſes chefs des reſſources qu'il croit *divines*, parce qu'il en eſt lui-même incapable. Ces hommes éclairés devinrent les légiſlateurs des Sociétés ; ils y établirent l'ordre ; ils leur rendirent raison des terribles phénomenes qui les avoient effrayées & dispersées ; ils firent parler les Dieux ; ils enseignerent des cultes, ils annoncerent les oracles du ciel, & mêlerent souvent le prestige & l'imposture, à des bienfaits réels par lesquels ils avoient enchaîné leurs Concitoyens : ils rendirent par là leur autorité plus respectable ; les *Orphées*, les *Minos*, les *Numa*, les *Incas*, furent des législateurs de cette espece.

§. VIII. *Origine des Aristocraties.*

PLUSIEURS familles dispersées ont encore pu se rassembler pour leurs avantages communs & leur défense réciproque : en se combinant, elles ne changerent rien au Gouvernement paternel. Les chefs de différentes familles conserverent une autorité égale ; leurs volontés réunies réglerent la Société, formée par la combinaison de ces troupes détachées. C'est sur ce modele qu'ont dû se former les Républiques Aristocratiques.

§. IX. *De la Conquête.*

ENFIN un grand nombre de Gouvernements se sont établis par la violence & le désordre. Des brigands heureux, secondés par d'autres brigands, vinrent fondre à main armée sur les Sociétés qu'ils subjuguerent, dont ils envahirent les possessions, dont ils renverserent les Gouvernements & les Loix : après avoir vaincu & détruit les chefs qui les avoient commandées, ils se mirent en leur place : les Peuples consternés furent contraints de recevoir en tremblant, le nouveau joug qu'on leur apporta sans consulter leur choix. Les *Nimrod*, les *Séfoſtris*, les *Alexandre*, les *Clovis* fonderent ainſi de nouveaux empires.

§. X. *Des Républiques fédératives.*

Aux grandes Sociétés ſe ſont jointes des Sociétés plus petites. Cette jonction s'eſt faite, ou de plein gré, ou par la force: dans le premier cas, des Nations incapables de ſe ſoutenir par elles-mêmes, ſe ſont quelquefois mis ſous la protection d'une Nation plus puiſſante. D'autres fois, à la vue des avantages dont jouiſſoient leurs voiſins, quelques Etats ont renoncé à leur propre indépendance, pour ſe ſoumettre à la même volonté qui leur procuroit ces avantages. Dans le ſecond cas, le torrent de la conquête entraîna, malgré elles, des Sociétés trop foibles pour réſiſter. Enfin des Sociétés égales en force ont fait quelquefois des confédérations entre elles &, ſous de certaines conditions, ſe ſont réunies pour repouſſer des forces plus grandes que chacune des leurs priſes ſéparément. Telle fut autrefois la ligue des *Achéens;* telle eſt encore celle des *Suiſſes* & des *Provinces-Unies.*

C'est à l'une de ces manieres que l'on peut rapporter la formation de tous les gouvernemens qui partagent la terre. L'hiſtoire ne nous fournit point d'exemples que les Sociétés aient pris d'autres routes pour ſe choiſir des Chefs. Quoiqu'il en ſoit, rien ne ſeroit plus inutile que de chercher ainſi à tâtons dans la nuit des tems, les ſources primitives de l'autorité, ſi la flatterie &

l'impofture ne s'étoient efforcées d'inventer une
origine idéale, afin de forger à ceux qui gouvernent les hommes, des titres pour les opprimer:
vains titres! qui difparoiffent aux yeux de la raifon: elle nous prouvera, lorfque nous la confui-
terons, que quelqu'aient été les motifs, les befoins & les circonftances des Sociétés, en fe foumettant à un Gouvernement, jamais elles n'ont
voulu conférer à leurs Chefs le droit de les rendre
miférables : vérité éternelle que la violence ,
l'impofture, ou l'erreur ont pu obfcurcir & faire
méconnoitre, mais qu'elles ne parviendront jamais à détruire.

§. XI. *Origines des Monarchies.*

L E s hommes, comme on a vu, ont toujours
eu fous les yeux le modele d'un Gouvernement.
Nés dans une famille gouvernée par un pere, ils
ne purent jamais l'oublier. La Société formée
par l'affemblage de plufieurs familles diftinctes, en
confondant leurs intérêts, n'en forma plus qu'u-
ne feule. Mais cette grande famille fut-elle
gouvernée par plufieurs chefs ou par un feul?
L'un & l'autre put arriver , fans doute. Par
où commença-t-on? la chofe eft indifférente;
cependant tout nous conduit à croire que la réflexion dut bientôt ramener les hommes à l'unité.
L'expérience dut faire fentir de très bonne heure
que plufieurs hommes divifés d'intérêts, de paffions, de volontés ; peu d'accord dans leurs
idées, dans leur conduite & dans leurs vues même les plus droites, laiffoient toujours quelque
chofe à defirer, ou même nuifoient fouvent à
l'harmonie de la Société, à la fimplicité de fes

mouvements, à l'exécution de ſes projets, à la promptitude & au ſecret de ſes entrepriſes. Ainſi les hommes entrevirent très ſouvent les avantages du Gouvernement d'un ſeul. Ce Gouvernement, appellé *Monarchie*, eut pour modele le Gouvernement d'une famille. La Société crut y voir un pere commandant pour leur bien à des enfants chéris. Dans l'âge tendre de l'enfance ce pere veille à leur ſûreté, il protege leur foibleſſe, il prévoit leurs beſoins, il les diſpoſe peu-à-peu à devenir utiles dans un âge plus robuſte; il fait concourir chacun ſelon ſes forces & ſes talents au ſoutien & au bien-être de la petite Société dont ils ſont membres. Ainſi le Gouvernement Monarchique ſe préſenta très naturellement à l'eſprit des hommes. Si des circonſtances particulieres ont déterminé les Sociétés à confier le pouvoir ſouverain à pluſieurs peres de famille qu'elles jugerent également capables de les gouverner de concert, elles eurent de fréquentes occaſions de ſe déſabuſer de l'idée d'avoir rencontré une forme de Gouvernement ſtable, & toujours également propre à remplir leurs vues. Des Chefs égaux en autorité, ne le furent point en forces, en vertus, en talents; leurs paſſions les diviſerent. La Société prit part à leurs querelles; elle ſe diviſa en factions; & ſouvent par les maux qu'elle ſe fit à elle-même, elle ſentit le beſoin de revenir au Gouvernement d'un ſeul. La Monarchie fut preſque toujours le refuge des grandes Sociétés diviſées; elles ſe flatterent d'y trouver ce repos après lequel ſoupirent des hommes laſſés de ſe déchirer.

§. XII. *Inconvénients de la Monarchie.*

LA Monarchie eut elle-même ses inconvénients. L'abus fut toujours à côté du pouvoir; les forces de la Société concentrées dans un seul homme, eurent, il est vrai, plus d'énergie & d'activité, mais elles n'en furent que plus dangereuses pour la Société même.

LE Monarque oublia ses devoirs; ses Sujets oublierent les leurs ; irrités des excès de leurs Maîtres, ils repousserent la force par la force; & lorsque le succès répondit à leurs efforts, ils changerent quelquefois la forme de leur Gouvernement, & se flatterent de trouver dans ces changements, une félicité qui jusques-là leur étoit étrangere. Les transports de la passion leur permirent rarement de réformer le gouvernement avec douceur. La fureur guida les démarches de la Société; elle se promit d'autant plus de bonheur, qu'elle s'éloigneroit plus de la forme du Gouvernement dont récemment elle venoit d'éprouver les abus ; tout jusqu'au nom en devint odieux: au lieu de se borner à des changements faciles & médiocres, on aima mieux tout renverser. A la monarchie, au despotisme, à la tyrannie succéda le Gouvernement que l'on nomme Républicain.

§. XIII. *De la Démocratie.*

QUAND la Société en corps, rentrée en possession de son pouvoir, fit elle-même ses loix, son Gouvernement s'appella *Démocratie.* La Souveraineté résida dans la Société entiere; mais la confusion qui s'y mit bientôt, n'en fit le plus souvent qu'une anarchie modifiée. Fatiguée de son incapacité, de ses passions, de ses fureurs, elle remit son pouvoir à quelques hommes choisis par elle & chargés de la représenter. Cette autorité fut donnée par la Société avec réserve, ou sans réserve : quelquefois le Peuple se réserva le droit de faire ses loix, de les examiner, de les approuver & de les rejetter; d'autres fois il confia à ses Magistrats, le soin de vouloir pour lui ; il ne lui resta pour lors que la fonction d'obéir. Ce Gouvernement fut nommé *Aristocratie*. La Société, en l'adoptant, se proposa de remettre son autorité trop tumultueuse, lorsqu'elle est exercée par le corps du Peuple, entre les mains d'un certain nombre de Citoyens que l'on supposa égaux en pouvoir, en talents, en vertus.

§. XIV. *Ses Inconvénients.*

Sous le Gouvernement Démocratique, chaque individu reste, pour ainsi dire, indépendant : sa liberté n'est limitée que par des Loix qu'il est censé s'imposer à lui-même. On crut sans doute que des regles faites pour obliger également tous les Citoyens, seroient les moyens les plus propres de remédier à l'inégalité que la Nature a mise entre les hommes. On se flatta que chacun jouissant de ses droits, ne seroit plus la victime de la force. On ne s'apperçut point que le projet d'établir l'égalité entre les hommes, est une chimere. On ne vit point que, si par hazard elle semble quelquefois avoir lieu, ce ne peut être que pour des instants très courts; on ne fit point attention que les passions des individus prenant sous la Démocratie, un plus libre essor que sous les autres Gouvernements, de-

voient auffi produire des effets plus funeftes. Le
Peuple, trop fouvent incapable de raifonner,
caufe, en un clin d'œil, des maux irréparables.
On ne vit point que fi la force ouverte ne pouvoit rien fur les Citoyens, la féduction, la per-
fuafion, l'enthoufiafme étoient dans la bouche
de quelques ambitieux, des moyens affûrés pour
allumer la fureur d'une multitude imprudente &
déraifonnable.

L'HISTOIRE de tous les âges ne nous montre que les fecouffes continuelles, les agitations
& les orages auxquels le Gouvernement populaire fut conftamment expofé: l'autorité y eft fans
force, parce qu'elle eft trop divifée; elle n'eft
point refpectée, par ce que chacun s'en croyant
dépofitaire, prétend avoir acquis le droit d'en abufer; elle ne frappe point les fens, par ce qu'elle
n'eft point affez fortement repréfentée; chaque
Citoyen qui fe croit indépendant donne un libre
cours à fes paffions. Un Peuple fouverain, flatté par fes Démagogues, devient leur efclave &
l'inftrument de leurs deffeins pervers. Des Citoyens turbulents fe partagent en factions, la difcorde foufle fes feux dans tous les efprits; des
guerres civiles déchirent une Société qui, aveugle dans fes attachements & fes haînes, fe livre
fouvent à fes ennemis les plus cruels, & perfécu-
te avec acharnement fes véritables amis. Elle fe
jette dans les bras de quelque traître qui lui fait
payer de fa liberté, les remedes, ou plutôt les
poifons dont il l'infecte. Enfin le Peuple fatigué
de fes propres excès, fe livre à l'efclavage d'un
feul ou d'un petit nombre, & fe croit trop heureux d'échanger fa licence contre des fers.

§. XV.

§. XV. *Dangers de l'Aristocratie.*

POUR remédier à ces maux, partage trop commun des Gouvernements populaires, la Société eut quelquefois recours à l'Aristocratie. Elle choisit parmi ses membres ceux qu'elle jugea dignes de sa confiance; souvent guidée dans son choix par ses propres passions, par l'ignorance, par l'imposture, elle devint la proie de ceux qui devoient la protéger. Il n'y eut & il ne put y avoir d'harmonie entre ses Chefs; chacun poussé par son ambition ou son intérêt particulier, voulut prendre de l'ascendant sur ses collegues devenus ses rivaux: il y eut entre eux inégalité de talents & de force: tant que le combat fut égal, la Société se remplit de brigues, de cabales, d'intrigues; chaque ambitieux eut son parti & se fit des adhérens qui combattirent pour lui: à la fin le Peuple divisé, déchiré, épuisé acheta de son sang quelque nouveau maître plus heureux que ses concurrents, ou bien il devint la proie d'un parti dominant.

LES Chefs de ces Républiques ne se livrerent point toujours à ces indignes excès; ils tâcherent quelquefois pour leurs propres intérêts de prévenir les suites de l'ambition de leurs égaux; des loix séveres maintinrent entre eux une balance qui ne fut point faite pour le reste de la nation: celle-ci n'y gagna rien; elle fut soumise à plusieurs maîtres d'accord pour l'asservir, pour la tenir dans l'esclavage, & pour profiter seuls du fruit de sa soumission. Ainsi quelques familles puissantes devinrent maîtresses de l'État, & s'en partagerent les dépouilles; au lieu d'un Souverain,

E

le Peuple eut plufieurs Tyrans affociés contre lui, & leur oppreffion fut d'autant plus dure, qu'elle fut plus réfléchie, mieux concertée & maintenue par un fyftéme fuivi. Les paffions d'un feul homme changent avec le tems, & disparoiffent avec lui ; celles d'un corps toujours fubfiftant, toujours lié d'intérêts, ne font pas fi fujettes à changer.

§ XVI. *Des Républiques Mixtes.*

Les Sociétés inftruites à leurs dépens des malheurs de la Démocratie & de l'Ariftocratie, chercherent à tempérer l'une par l'autre, elles fe flatterent que la fageffe de leurs membres les plus illuftres, les plus éclairés, les plus opulents, moderoit la fougue des emportements populaires. Elles s'imaginerent que le Peuple tiendroit fes yeux ouverts fur la conduite des Citoyens avec lefquels il partageoit le pouvoir ; on fuppofa qu'il veilleroit à fes propres intérêts, & contiendroit une force qui feroit elle-même un frein pour la fienne. Ces efpérances furent vaines. Les plus diftingués des Citoyens formerent un corps ou *Sénat* dont les intérêts ne furent prefque jamais ceux du Peuple ; le Sénat voulut dominer le Peuple, & le Peuple à fon tour voulut dominer le Sénat. Delà une divifion éternelle entre les deux puiffances. Elle fit naître des jaloufies, des défiances continuelles ; l'adreffe fut d'un côté, la fougue & l'impétuofité furent de l'autre ; les forces de l'Etat ne purent prefque jamais ni fe maintenir en équilibre, ni fe réunir pour agir de concert ; les Loix les plus raifonnables, les inftitutions les plus falutaires, les projets les plus avantageux, furent arrêtés ou rejettés comme odieux & suspects. Par les efforts continuels du Peuple contre le Sénat & du Sénat contre le Peuple, la Société fut toujours en discorde: occupée à lutter contre elle-même, elle devint la proie des ambitieux qui surent profiter de son imprudence pour s'élever sur les ruines de leurs rivaux; ils finirent par donner des fers à la Patrie qu'ils se vantoient de servir; l'usurpation & la Tyrannie ont terminé presque toujours les factions & les combats des Républiques mixtes. Tel fut le Gouvernement & le sort de l'ancienne Rome.

§. XVII. *Du Gouvernement féodal.*

Il est encore une sorte de Gouvernement que l'on met quelquefois au nombre des Républiques: il tire son origine du brigandage, du désordre, de la guerre. Les Rois conquérants, pour s'attacher des guerriers, leur accorderent, soit de gré, soit de force, une indépendance, & souvent un pouvoir funeste. La Monarchie fut donc alors combinée avec l'Aristocratie. Les guerriers, devenus dépositaires d'une portion du pouvoir souverain & possesseurs des terres de la Nation conquise, voulurent seuls la représenter. Ils furent pour le Monarque une barriere qu'il ne put franchir; les Loix se tûrent pour ces Représentants armés; sous ce Gouvernement le Monarque fut presque toujours trop foible pour agir; le Peuple fut écrasé sous une multitude de Tyrans qui, vivant eux-mêmes dans l'Anarchie, firent consister leur liberté dans la faculté d'opprimer impunément leurs Concitoyens malheureux. Ils lierent soigneusement les mains du Monarque, pour qu'il ne pût jamais s'opposer à leurs excès.

Tel eſt le Gouvernement *féodal* établi jadis dans toute l'Europe; enfanté au milieu du tumulte par des brigands, accoutumés à la licence ſous des conquérants dont ils étoient les appuis; ce Gouvernement barbare ou plutôt ce déſordre ſyſtématique s'eſt conſervé en Pologne dans toute ſa férocité: il ſubſiſte en partie dans l'Empire d'Allemagne; & l'on en trouve encore des veſtiges marqués dans tous les Gouvernements modernes.

§. XVIII. *Du mobile des Républiques.*

La vertu, dit un illuſtre auteur, *eſt le mobile du Gouvernement Républicain.* Mais ſi l'on regardoit la choſe de plus près, il ſemble qu'on trouveroit qu'il eſt pour les Républiques, une autre idole à qui la vertu même fut toujours ſacrifiée; c'eſt l'égalité. On a déjà fait voir combien cette égalité étoit chimérique, on a prouvé que la Nature ne l'avoit accordée à aucun des êtres de notre eſpece, vainement les hommes tenteroient-ils de l'établir entre eux. Dans les Républiques, l'amour de l'égalité fit naître entre les Citoyens une envie une défiance, de la vertu même qui s'arment contre les talents, contre les ſervices les plus éclatants: chacun redoute les hommes qu'il eſt forcé de reſpecter: on tremble qu'ils n'uſent de l'aſcendant que le mérite leur donne pour aſſervir la Société. Si ces diſpoſitions font naître une inquiétude favorable à la liberté, elles ſont auſſi la ſource d'une foule d'injuſtices & d'une ingratitude capable de décourager le mérite & d'éteindre l'amour de la Patrie. C'eſt avec raiſon que l'on reproche aux Républiques, ces défauts ſi nuiſibles à la Société. Plus la vertu ſe montre avec éclat;

& plus elle paroît infupportable à des hommes enivrés de cette égalité romanefque qui n'eft pro-
prement que de l'envie. Si l'enthoufiafme, fi la
grandeur d'ame, fi la vertu fondent les Républiques & les foutiennent, ces mouvements impé-
tueux ne peuvent être de durée; l'utilité opprimée & punie par l'injuftice, encourage le crime;
& l'amour de l'égalité finit par détruire l'édifice
que le bras de la vertu avoit élevé & foutenu
quelque tems. Ariftide fut victime de l'oftracis-
me; après Phocion, qui eft-ce qui auroit eu le
front d'être vertueux à Athênes.

D'AILLEURS dans les Républiques, l'attachement pour les inftitutions & les Loix devient
lui-même fouvent un préjugé funefte. Nulle
Loi humaine n'eft faite pour durer toujours; il
n'eft que les loix éternelles de notre nature qui
foient propres à nous commander fans ceffe.
Dans une République, une Loi changée produit
prefqu'infailliblement une révolution. La raifon
eft fouvent obligée de refpecter les idoles du Peuple; il les chérit par habitude, lors même qu'elles
lui font très nuifibles. D'un autre côté les ambitieux, qui cherchent dans le trouble à faire va-
loir leurs intérêts perfonnels, excitent toujours le
Peuple, fous le prétexte de changement & de
réforme.

§. XIX. *De la Monarchie limitée.*

LES fociétés comme les individus cherchent
fans ceffe à perfectionner leur fort; les inconvéniens des Républiques même tempérées, perfuaderent que la Nation feroit plus heureufe, fi

elle parvenoit à réunir la Monarchie avec la République. On crut qu'une autorité ainfi balancée
mettroit un frein aux abus de la Royauté, à l'ambition des Ariftocrates & à la fougue du Peuple.
Du mélange de ces trois Gouvernements naquit
celui qu'on appelle *Monarchie Mixte ou tempérée.*
On efpéra que par fon moyen les forces de la Société feroient plus juftement diftribuées. On
fentit que pour prévenir l'abus inféparable de
tout pouvoir, il falloit le remettre en différentes
mains qui empéchaffent que l'un des Ordres de
l'Etat n'entraînât la balance de fon côté. Ce
Gouvernement eft regardé comme le chef-d'œu-
vre de l'efprit humain. Les Loix invariables
commandent également à tous les membres de la
Société; le Monarque lui-même reconnoît leur
Empire: elles lui lient les mains, quand il veut
faire le mal & ne lui laiffent que l'heureufe liberté de faire du bien. Tout Citoyen eft par elles
protégé contre la puiffance. Ces Loix ne font
point fujettes aux caprices d'un Souverain ou de
fa cour; le Peuple repréfenté par un Sénat,
dont lui-même choifit les membres, concourt
à la légiflation qu'il s'impofe; les Citoyens les
plus diftingués par la naiffance, par la fortune,
par le rang, y cooperent. Enfin elle eft revêtue
de l'Autorité Royale qui demeure chargée de
fon exécution. Sous un tel Gouvernement les
loix ne femblent être que l'expreffion de la volonté publique. La perfonne, la propriété, la
liberté de chaque individu deviennent des objets
facrés auxquels nulle puiffance ne pourroit toucher impunément.

L'ANGLETERRE nous fournit un effai de ce
Gouvernement. Si quelqu'inftitution humaine

femble devoir procurer du bonheur à un Peuple,
ce devroit être, fans doute, un Gouvernement
qui réunit, balance & tempere tous les Gouvernemens que les hommes ont imaginés jufqu'à
préfent. Mais il n'eft point d'édifice que les
paffions humaines ne parviennent à miner. Il
n'eft point de Loix fi fages & fi féveres, que
l'adreffe ou la force ne viennent à bout d'éluder
ou d'enfreindre. L'efprit de l'homme ne peut
prévoir & prévenir les circonftances, les évé-
nements, les révolutions qu'amene le deftin. Les
paffions fecrettes, comme les eaux, parviennent
à détruire fourdement les monuments les plus fo-
lides. Peut-être trouvera-t-on un jour que ce
Gouvernement, aujourd'hui fi heureux, fi digne
d'admiration, eft fujet à la fois aux inconvéniens
des trois formes de Gouvernement qu'il réunit.
Un Monarque adroit fera, peut-être, concourir les Repréfentants du Peuple à fe donner des
fers. Quel pouvoir n'a point l'argent fur une
Nation avide, quand il eft devenu fon unique
mobile? Un Monarque maître des tréfors peut
aifément corrompre des citoyens avares. Un
Souverain qui commande en defpote à des fol-
dats mercénaires, peut aifément fubjuguer ceux
qu'il ne peut féduire. Enfin des citoyens divifés
n'offrent qu'une barriere très foible aux deffeins
fuivis d'un Prince ambitieux. Une Ariftocratie
vénale eft une digue peu fûre contre le pouvoir
arbitraire. Enfin un Peuple inquiet, turbulent
qui prend fa licence effrénée pour de la liberté,
peut aifément fe jetter de lui-même dans les fers.
La félicité permanente d'un Peuple ne peut être
folidement fondée que fur la raifon éclairée, l'a-
mour fincere du bien public, les bonnes mœurs,

la vertu. Des hommes fans lumieres & fans mœurs font faits pour devenir tôt ou tard des efclaves.

§. XX. De l'Autorité abfolue.

DANS tout Gouvernement il faut une autorité abfolue : quelque part qu'elle réfide elle doit difpofer à fon gré de toutes les forces de la Société ; pour cet effet elle doit non - feulement faire des Loix, mais encore jouir d'un pouvoir affez étendu pour les faire exécuter, ou pour vaincre les obftacles que pourroient y apporter les paffions des individus. Ces objets ne feroient point remplis, fi l'autorité publique n'avoit pas une force fuffifante pour obliger également tous les membres de l'Etat, de concourir à fon bonheur, à fa confervation, à fa fûreté. Elle doit encore décider des voies qui y font les plus propres. En un mot, cette force centrale eft faite pour déterminer toutes les tendances particulieres & doit être affez puiffante pour les forcer à fe joindre à la tendance du tout. Si cette puiffance avoit des bornes, il ne pourroit y avoir d'activité & de vigueur dans le Gouvernement ; les vices des membres rendroient fans ceffe inutile ou dangereufe une affociation qui n'a pour objet que le bien - être général. Cette vérité a été fentie par les Sociétés les plus jaloufes de leur liberté : au milieu des factions les plus cruelles, fouvent elles fe font vu obligées de fe foumettre, au moins pour un tems, à une autorité illimitée. Telle fut la *Dictature* à Rome.

MAIS en quelles mains remettre un pouvoir fi néceffaire? Comment empêcher qu'il ne dégé-

nere à la fin en un abus infupportable? Le pro-
blême paroît difficile à réfoudre. Si l'on confie
l'autorité à un feul, il devient un centre unique
qui attire tout à lui feul, & fait fervir les forces
de l'Etat à fatisfaire fes propres paffions. Le
pouvoir abfolu confié fans réferve à un feul homme ne peut donc être que l'effet de l'imprudence
& du délire. Remettra-t-on la puiffance fuprême à un petit nombre de citoyens choifis?
Bientôt ils deviendront les Tyrans de la Société.
La Nation elle-même confervera-t-elle la plénitude de fon pouvoir? Elle ne fait en faire
ufage; ou fi par hazard elle l'emploie, ce fera
fans prudence, fans réflexion, fans raifon, &
fouvent contre fes intérêts les plus chers. Dans
ces embarras quel parti prendre? Il n'en eft point
de plus fûr que de partager entre les différens
ordres de la Société une puiffance qui, placée
dans les mains d'un feul homme ou d'un feul
corps, les mettroit en état d'opprimer. Ce plan
n'eft point chimérique; que le pouvoir du Monarque refte toujours fubordonné à celui des Ré-
préfentans du Peuple, & que ces Repréfentans
dépendent fans ceffe de la volonté de leurs Conftituants defquels ils tiennent, tous leurs droits,
dont ils font les interprêtes, & non les maîtres.

§. XXI. *Nulle forme de Gouvernement n'eft
parfaite.*

CE feroit fe tromper, fans doute, que de
s'attendre à trouver la perfection dans aucune
forme de Gouvernement. La plus parfaite eft
celle qui affûre le bonheur du plus grand nombre
& le met à l'abri des paffions du petit nombre.

E 5

L'adminiſtration la plus ſage eſt celle qui veille inceſſamment ſur elle-même; ſa vigilance doit entretenir & réparer ſans ceſſe une machine que le mouvement uſe, affoiblit, dégrade à chaque inſtant. Un Gouvernement équitable fait enſorte que chaque individu jouiſſe avec le plus d'égalité qu'il eſt poſſible, des avantages de l'aſſociation; plus le bonheur eſt réparti, plus la Société ſera fortunée. Le dernier des Citoyens a le même droit à une félicité proportionnelle à ſon état, à ſon mérite, à ſes talens, que le Citoyen le plus diſtingué, que le Monarque lui-même.

Tous les Gouvernements ont des avantages & des déſavantages réels. Tous, ſans excep-tion, ont des inconvéniens ſans nombre, & portent en eux-mêmes le principe de leur de-ſtruction. Si l'excès du pouvoir produit la Ty-rannie, l'abus de la liberté produit la licence, auſſi funeſte aux Etats que la Tyrannie elle-mê-me, puiſque chaque individu devient le Tyran d'un autre. Si l'autorité eſt concentrée, elle eſt plus active & plus forte, par conſéquent elle peut devenir plus dangereuſe. Eſt-elle parta-gée? Elle s'affoiblit; des reſſorts multipliés & compliqués ne jouent point communément avec la même aiſance que ceux qui ſont ſimples & peu nombreux. Le Peuple eſt-il méchant, corrom-pu, licentieux? L'autorité n'a plus aſſez de nerf; eſt-il aſſervi? Il perd toute énergie. Les Loix ſont-elles mépriſées? Tout tombe dans le dé-ſordre; a-t on pour elles un attachement trop ſervile? Dans bien des circonſtances elles de-viendront funeſtes. Qu'eſt-ce qui décidera de ces circonſtances? Ce ſera la raiſon, & à ſon défaut la force ou la nécessité. C'est elle qui, du sein des maux, fait naître les plus grands biens; de l'excès de l'esclavage, elle suscite des vengeurs à la liberté; de l'abime de l'infortune, elle fait sortir le bonheur.

C'est donc de la juste balance du pouvoir & de la liberté que résulte un bon Gouvernement. Ainsi tout Gouvernement, quelque nom qu'on lui donne, sera bon, lorsqu'il rendra heureux le plus grand nombre de ceux qui lui feront soumis. Il atteindra ce but, en laissant aux Citoyens la juste liberté qui met chacun en état de travailler à son bonheur sans nuire à celui de ses Concitoyens.

§. XXII. *Le même Gouvernement ne convient pas à tous les Peuples.*

Un même Gouvernement ne peut pas convenir à tous les hommes. Distingués par des climats, par des mœurs, des opinions, des préjugés, des besoins divers, il est impossible qu'une même façon de gouverner puisse convenir à tous. L'étendue plus ou moins vaste d'un Etat, sa position, ses productions, doivent encore mettre des différences entre les formes qu'il faut donner à l'autorité. Si toutes les Nations étoient égales pour la force & les lumieres ou la raison, elles seroient faciles à gouverner. Si toutes avoient des Souverains vertueux, toutes seroient également heureuses.

§. XXIII. *La tranquillité d'un Etat n'eſt pas le*
ſigne de la bonté d'un Gouvernement.

MAIS quel eſt, dira-t-on, le Gouvernement le plus permanent & le plus tranquille ?
Peut-être fera-t-on tenté de croire que ce ſigne
doit décider de ſa bonté. C'eſt pourtant une erreur. La durée d'un Gouvernement, ne prouve
rien en ſa faveur. Les vaſtes régions de l'Aſie
gémiſſent depuis des milliers d'années ſous un
Deſpotiſme abſurde qui, quoiqu'en changeant
ſouvent de mains, commande toujours à des
eſclaves également malheureux. Les hommes
enchaînés par l'ignorance, la pareſſe, & ſur-tout
par la ſuperſtition, s'accoutument au joug & le
portent par habitude. La ſtupidité dans laquelle
ils vivent, les empêche de reconnoître s'il eſt au
monde des hommes dont le ſort ſoit plus doux.

§. XXIV. *La puiſſance & la richeſſe ne prouvent*
pas le bonheur.

ON croira peut-être que la puiſſance d'un
Etat & ſa ſupériorité ſur les Nations qui l'environnent, ſes richeſſes, ſon commerce, ſa fer-
tilité, pourront nous faire juger de la bonté de
ſon Gouvernement. Détrompons-nous de cette
idée. Les Empires les plus puiſſants au-dehors,
font ſouvent les plus malheureux, les plus mal
gouvernés dans l'intérieur. Lorſque la frénéſie
de la guerre s'empare d'une Nation ou de ceux
qui la dirigent, quelque ſuccès qui couronne ſes
exploits, quelqu'étendue qu'elle donne à ſes conquêtes, quelqu'aſcendant momentané qu'elle prenne ſur ſes voiſins ; elle paiera chèrement ſes pré-

tendus avantages, & fon bien-être intérieur
en fouffrira toujours. Les Peuples guerriers &
conquérants reffemblent à ces infectes malfaifans
qu'on voit périr fur les plaies qu'ils ont faites.

Les richeffes & les productions du fol, en
un mot, les avantages de la Nature & de l'induftrie ne prouvent rien en faveur d'un Gouvernement. Eft-il une contrée plus opulente &
plus malheureufe que l'Indoftan? C'eft l'ufage
que le Gouvernement fçait faire & du fol, & des
habitans & des richeffes; c'eft le bonheur qu'il
procure à fes Sujets qui peut feul faire juger de
fa fageffe; c'eft la facilité qu'il trouve à réunir
toutes les volontés pour les faire concourir au
bien général qui annonce la vraie force d'un E-
tat. Il n'en eft point de réelle & permanente
dans un Etat où les paffions divifent les Sujets,
& féparent leurs intérêts de ceux du Public; le
Gouvernement eft mauvais, dès que les mœurs font
mauvaifes; une Société vicieufe ne peut jamais
être heureufe. Tous fes efforts, tous fes fuccès ne feront que le fruit d'une impulfion momentanée. Les Gouvernements militaires, fans
ceffe en mouvement, ne peuvent guere s'occuper de la félicité publique; elle eft à tout moment facrifiée à l'humeur ambitieufe des Princes
& au génie remuant des Courtifans & des Grands.
Un Gouvernement avide, dont toutes les vues
font abforbées par le commerce ou la paffion des
richeffes, facrifie tout à fon idole, fe ruine dans
l'idée de s'enrichir, & corrompt les mœurs des
Citoyens.

§. XXV. *Des institutions primitives.*

Machiavel a dit *qu'un gouvernement ne pouvoit long-tems subsister, s'il ne recouroit souvent à ses premiers principes;* cette maxime est très vraie; si par *premiers principes* on entend la Nature de l'homme, le but de l'association, le bien public, l'équité. C'est là-dessus qu'en tout tems on pourra juger sainement les gouvernements, les loix & les institutions humaines. Les circonstances des Nations changent, & ce seroit une erreur que de vouloir recourir à leurs institutions primitives, que le tems a souvent rendu inutiles ou dangereuses. C'est pourtant dans cette erreur que les Nations tombent à tout moment. Souffrent-elles quelques maux? Sur le champ des réformateurs font des recherches pour voir ce qui se pratiquoit autrefois; ils veulent que des rémedes surannés guérissent des maladies actuelles; ils vont puiser dans l'antiquité des Loix, souvent insensées, des usages absurdes, des faits très peu certains, des droits barbares & nuisibles; en un mot, les décisions de leurs peres; tandis que les questions les plus difficiles & les plus importantes seroient sur le champ, éclaircies si l'on recouroit au plan primitif de toute Société, aux qualités inhérentes & essentielles à tous les hommes. Le préjugé de la sagesse de nos peres est souvent très funeste en Politique; la vénération pour l'antiquité devient une superstition que l'on oppose sans cesse, au bon sens. Les Nations changent, ainsi se sont les besoins actuels, c'est la raison perfectionnée que l'on doit consulter. De ce qu'une chose fut jugée utile & bonne autrefois, il ne suit nullement qu'elle soit bonne aujourd'hui.

Si l'on fait attention à ces principes, on verra pourquoi la plupart des gouverments modernes nous offrent des monuments informes, des amas de Loix, de Droits, d'Ufages contradictoires; des machines compliquées, incapables de fe mouvoir avec facilité, qui s'arrêtent à tout moment fans qu'on puiffe découvrir les obftacles qui les empêchent d'agir. Telle eft la véritable origine des embarras où l'on fe trouve, lorfqu'on veut rectifier des inftitutions devenues, très nuifibles. Telle eft la caufe qui perpétue dans les Gouvernements, des maximes deftructives, injuftes, déraisonnables que l'on voit encore fubfifter par-tout, quoique par-tout on en fente les inconvénients.

§. XXVI. *Des réformes & révolutions.*

La perfection, il eft vrai, n'eft point le partage des inftitutions humaines; les Gouvernements, ainfi que tous les ouvrages de l'homme, font fujets à des révolutions que toute la fagacité ne peut prévenir. Etablis par la force, par l'enthoufiafme, par le befoin, enfantés au fein du défordre, des orages & des allarmes, rarement la raifon préfida-t-elle à leur formation primitive; plus rarement encore, les Nations furent-elles affez prudentes pour prévoir les abus que l'on feroit de l'autorité qu'elles confioient. Les changements qui furvinrent furent communément l'ouvrage de la paffion, de la fureur, de la néceffité. On ne fongea jamais qu'à rémédier aux abus que l'on fentoit actuellement; & quelquefois à ceux que l'on voulut écarter; l'on en fubftitua de plus

dangereux. Quels avantages bien marqués a-t-il
réfulté jufqu'ici de tant de guerres civiles, de révoltes, de régicides & d'attentats par lefquels des
Nations dépourvues de principes ont prétendu
remédier aux maux qu'elles éprouvoient ? Pour
avoir égorgé des milliers de Tyrans, les Peuples
de l'Afie en font-ils devenus plus libres ou plus
fortunés ? Si des révolutions ont quelquefois pro-
curé des biens momentanés, elles ont fouvent cau-
fé des calamités durables: fouvent la ftupidité &
la folie détruifirent en un inftant les mefures les
mieux concertées, les établiffements les plus fages, les inftitutions les plus utiles. Quelquefois
le délire & la paffion produifirent les effets les
plus utiles. La conquête impitoyable moiffonna
tout, & fit difparoître le nom même des Nations
qu'elle fubjugua. Les paffions des Princes, une
Politique infenfée, des bévues accumulées con-
duifirent les Empires les plus floriffants à leur
terme fatal. Les Sociétés ne furent heureufes,
que lorfque les paffions de leurs chefs s'accorderent avec le bien public: le bonheur des Nations
ainfi que celui des individus fut toujours un équilibre prefqu'auffitôt rompu que formé. Il y eût
une lutte perpétuelle de la Société contre fes
Maîtres & de ceux-ci contre la Société. Ce
combat fut toujours inégal; le Souverain eut une
volonté permanente de dominer & d'envahir; la
Société ne put jamais réunir les volontés difcordantes de fes membres. Les dépofitaires de l'autorité voulurent fans ceffe l'étendre, la rendre
illimitée, & brifer tous les obftacles que rencon-
troient leurs paffions inconfidérées. Le Defpotifme fut l'objet des vœux conftans de tous les
Princes,

Princes, & bien-tôt il fit éclore la Tyrannie, également dangereuse pour les Souverains & pour les Peuples. Les Sujets firent des efforts continuels pour se souftraire à la violence. La guerre fut nuisible aux Etats qu'elle épuisa, qu'elle dépeupla, qu'elle appauvrit; la paix engourdit les Nations & les rendit une proie facile pour les Sociétés plus puissantes. Le commerce, fruit de la liberté & de la tranquillité, produisit les richesses, & ces richesses, toujours suivies par le luxe, finirent par énerver les Citoyens. Le despotisme dévasta les Nations; l'anarchie ou la licence les jetta communément dans les fers d'un Despote.

§. XXVII. *En quoi consiste la bonté du Gouvernement.*

La perfection du Gouvernement consisteroit à diriger vers le bien public, les passions des Citoyens. En vain s'efforceroit-il de les anéantir; en vain exigeroit-on que ceux qui commandent aux hommes fuffent exempts eux-mêmes de passions. Rien n'est plus rare qu'un Gouvernement sage & qui rende les Peuples heureux. Mais est-il plus commun de trouver des familles bien gouvernées? Il ne faut donc pas prétendre que les chefs qui commandent aux grandes familles dans lesquelles le genre humain est partagé, aient toujours la dose de vertus, de talents & de génie nécessaires, pour faire agir avec précision de vastes corps dont les ressorts font infiniment compliqués. Les Princes font des hommes, l'erreur est leur partage; ils font le mal souvent à leur

F

infçu, ils ignorent communément leurs véritables intérêts: les Nations, comme les individus font fujettes à des maladies: les crifes, fouvent très vives, rendent pour un tems la fanté au Corps Politique ; fa fanté dure, jufqu'à ce qu'ayant amaffé de nouvelles humeurs, la Nature, par des crifes nouvelles, le force à fe débarraffer.

Laissons donc agir la Nature; fecondons-la quelquefois, lorfque nous pourrons le faire avec fûreté ; ne la brufquons, ne la traverfons jamais. Songeons que fi l'on connoît le mal, on n'en connoît pas toujours les vrais remedes; craignons que des mains peu habiles ne travaillent à l'augmenter. Ayons pour les dépofitaires de l'Autorité Publique, cette indulgence que nous devons à des êtres fujets aux infirmités de notre nature. Rentrons dans le fond de nous-mêmes; confidérons nos propres foibleffes; fouvenonsnous fur-tout qu'il n'appartient qu'à la Société de marquer fes mécontentements: elle feule a droit de reprendre l'autorité dont elle s'eft deffaifie, lorfqu'on l'emploie à fa deftruction.

Nous prouverons par la fuite que le Citoyen raifonnable doit fe foumettre avec patience aux inconvénients néceffaires du Gouvernement fous lequel la naiffance l'a placé. Obligé de fervir la Société dont il eft membre, il le fera par fes forces, par fes confeils, par fes talents; mais il n'oubliera jamais qu'il lui eft défendu de troubler l'ordre d'un tout dont il n'eft qu'une foible partie.

Ce n'eft point à l'ambition, à la vengeance, à la paffion qu'il appartient de réformer les Gouvernements; c'eft à la raifon calme, à l'expérience, à la volonté tranquille de la Société que ce droit appartient. L'intérêt perfonnel, presque toujours injufte, n'eft pas fait pour décider de l'intérêt général. Ceux qui gouvernent mal, n'ont tort, que parce qu'ils facrifient le bien public à leurs propres paffions; celui qui met le trouble dans fa patrie, fans fon aveu, n'eft pas moins criminel que celui qui l'opprime. Bien plus, la Société elle-même pour fon propre intérêt, doit tolérer les maux dont elle ne connoît pas les remedes: les révolutions & les troubles font pour elle des maux certains, auxquels elle ne peut recourir que pour fe procurer un bien-être affez grand, affez fûr, affez durable pour la dédommager du facrifice paffager de fon repos. Une nation toujours agitée, toujours aux prifes avec fes chefs, reffemble à ces malades dont l'esprit inquiet redouble continuellement les maux.

§. XXVIII. *Tolérance Sociale.*

L'INDULGENCE, la patience, la tranquillité, font les effets d'une raifon éclairée. Celui qui médite les chofes de ce monde, les voit foumifes à une Nature qui, par des caufes inattendues, par des refforts cachés, fait tirer la concorde de la difcorde, le bonheur du malheur même; le calme du fein des tempêtes. Efpérons tout du tems & du progrès des lumieres. A force de tomber l'enfant apprend à fe foutenir, à marcher, à éviter les dangers: à force de fouffrir de fes erreurs, l'homme devenu plus fage parvient à s'en guérir. Le malheur eft le grand maître des hommes: il les oblige tôt-ou-tard à chercher dans la raifon le remede de leurs peines. S'ils ne peuvent fe flatter d'élever des monuments éternels, qu'ils cherchent du moins à rendre plus commodes, les demeures paffageres qu'ils habitent pendant leur courte durée.

O Hommes! dont la petiteffe veut embraffer l'univers! dont l'imagination mefure tout fur fes defirs! ceffez de prétendre à des ouvrages éternels: ceffez d'efpérer que votre fageffe cimentera pour jamais l'édifice de vos Gouvernements. Votre prévoyance, votre expérience, votre raifon ne garantiront point vos foibles établiffements contre les injures des âges, contre la fureur des révolutions, contre les flambeaux de la difcorde, contre l'impétuofité de vos vices & de vos paffions, contre la difpofition fourde inhérente à votre Nature & qui tend à tout altérer. Vos empires, vos inftitutions, vos loix pafferont ainfi que vous. La demeure folide qui foutient vos pas, fera quelque jour elle-même le jouet des révolutions de la Nature.

Mais dira-t-on, fi les hommes ne font point faits pour jouir d'un bonheur permanent, fi leurs Loix doivent changer, fi leurs Gouvernements ne peuvent être ftables, à quoi bon s'occuper de leur faire connoître des maux que la néceffité rendra toujours indifpenfables? La fanté n'eft point toujours le partage de l'homme; qu'il connoiffe fes maux, qu'il en cherche les remêdes, qu'il les applique avec prudence, qu'il foit au moins heureux quelques inftants, s'il ne peut l'être toujours. De ce que l'homme eft rarement, satisfait de son sort, s'ensuit-il donc qu'il ne doit pas songer à l'améliorer? De ce qu'il se voit tôt-ou-tard destiné à mourir, en conclura-t-il qu'il ne doit point travailler à rendre plus heureuse une vie qui peut lui être à tout moment ravie?

Quelque soit sa forme, le Gouvernement aura toute la bonté & jouira de toute la solidité dont les choses humaines sont susceptibles, tant qu'il procurera aux hommes la justice, la sûreté, la liberté : tant que nul intérêt particulier ne pourra l'emporter sur l'intérêt de tous : tant que la Loi sera plus forte qu'aucune volonté particuliere. C'est alors que l'autorité sera la somme des volontés de tous; l'intérêt public se confondra avec celui des individus; les forces de l'Etat agiront de concert; elles seront dirigées vers le bonheur général, duquel chacun sentira que le sien doit résulter. Alors sous des Souverains soumis aux Loix, la Société sera contente; elle aura l'activité nécessaire à sa conservation; guidée par des chefs éclairés, elle se verra servie par des Citoyens magnanimes & vertueux.

SOMMAIRE DU TROISIEME DISCOURS.

DES

SOUVERAINS.

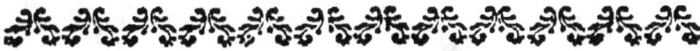

§. I. *Définition du Souverain.*

LES Souverains font des Citoyens à qui les Nations ont conféré le droit de les gouverner pour leur propre félicité. Quelque foit la forme d'un Gouvernement, les droits de la Souveraineté, pour être légitimes, doivent être uniquement fondés fur le confentement des Peuples ; tout pouvoir eft effentiellement limité par le but primitif que la Société fe propofe; tendant fans ceffe à fe conferver, à fe maintenir en vigueur, à rendre fon fort agréable, elle ne peut confentir qu'aux moyens qui rempliffent ces vues.

LORSQU'UNE Société veut être gouvernée par un feul de fes membres, la Souveraineté réfide en lui; il s'appelle *Roi*, *Monarque* ou *Prince*, & fon Gouvernement fe nomme *Monarchique.* Lorsque la Nation remet pour toujours l'Autorité Souveraine entre les mains d'un certain nombre de Magiftrats, fon Gouvernement fe nomme

F 4

Ariſtocratique. Enfin lorſque le Peuple ſe réſerve à lui-même le Pouvoir Souverain, ou lorſque
par des élections il le confie pour un tems limité
à des Magiſtrats deſtinés à le repréſenter, le
Gouvernement s'appelle *Démocratique* ou *Populaire.*

CELUI ou ceux qui gouvernent une Société
contre ſon gré, ne peuvent être regardés comme
des Souverains; ce ſont des Uſurpateurs. Ceux
qui, autoriſés dans l'origine par le conſentement
de la Société, la gouvernent d'une maniere contraire à ſa nature, à ſes intentions, à ſon but
primitif, ſont des Tyrans. Ainſi quelle différence y a-t-il entre un Souverain, un Uſurpateur
& un Tyran? Le Souverain gouverne par le
conſentement de ſes Peuples & conformément
à leurs vœux. L'Uſurpateur les gouverne ſans
leur aveu. Le Tyran les gouverne d'une maniere oppoſée à leur volonté. Le titre du Souverain eſt le conſentement de la Société. Le titre
de l'Uſurpateur eſt la violence; le titre du Tyran
eſt une volonté injuſte appuyée des forces de la
Société qu'il tourne contre elle-même. Il n'eſt
de Souverains légitimes, que ceux qui gouvernent les Peuples d'une maniere conforme à leurs
volontés naturelles & raiſonnables.

LA force ne donne point de droits que la
force ne puiſſe anéantir. La volonté d'un ſeul
ne peut lier les volontés de tous, que lorſque
ceux-ci l'adoptent ou conſentent à s'y conformer. C'eſt donc le conſentement tacite ou dé-
claré des Peuples, qui ſeul peut établir un rapport entre eux & leurs Souverains; de celui qu'é-
tablit la force ne peut naître que de la haine, de

l'inimitié & de la répugnance ; le Tyran n'a jamais des Sujets, il n'a que des ennemis.

Est-il des liens fociaux entre des ennemis ? La Nature de l'homme lui permet-elle de confentir à fon malheur ou d'acquiefcer à ce qui le prive du bien-être ? N'eft-il pas de fon effence de haïr & de repouffer ce qui rend fon exiftence douloureufe ou ce qui menace fa confervation ? L'amour de leur exiftence, le defir de la conferver, la volonté permanente de la rendre heureufe font donc les feuls liens qui puiffent unir les Sujets à leurs Souverains, & les foumettre à leurs ordres. La volonté de la Société fe confond & s'identifie avec celle du Souverain, lorfqu'il travaille à fon bonheur ; elle s'en fépare, dès qu'il s'écarte de ce plan. Le defir du bonheur eft le nœud qui rapproche les volontés des Peuples de celles de leurs Chefs ; l'averfion du mal les diffout.

Ce feroit renoncer à la raifon, que de nier ces principes ; ils font fi évidents, que les hommes feront forcés de les reconnoître toutes les fois qu'ils rentreront en eux-mêmes.

S'il n'exifte point d'autres liens entre les hommes, que ceux que forment entre eux le befoin, le defir du bonheur, il n'eft point de véritable affociation, à moins que ceux qui y entrent ne confentent de bonne foi à concourir au même plan : il n'eft point de force, fi les confédérés n'y confpirent. Chaque Société gouvernée doit être confidérée comme l'affociation d'un Peuple avec le Souverain qui le gouverne. Si leurs volontés font d'accord, la Nation fera heureufe :

fi leurs volontés font difcordantes, il n'y aura
que défordre & confufion. Il n'y a de puiffance,
de fûreté & de félicité pour un Etat, que lorfque la volonté des Sujets concourt avec celle du
Souverain.

§. II. *Motifs de la Soumiffion.*

Les befoins obligent les hommes à vivre en
Société. La Vie Sociale les met plus à portée
de les fatisfaire: en faveur de ces avantages,
chaque membre eft obligé de facrifier au bien-
être & au maintien du tout, l'exercice illimité
de fa volonté, de fes forces ou facultés; en un
mot, fon indépendance; il renonce pour fon
propre bien au droit de fuivre en tout les impulfions de fes defirs; fon intérèt l'engage à fe laiffer guider par les volontés du corps dont il eft
membre; fans cela la Société ne tarderoit point
à fe détruire par le choc continuel de toutes les
volontés particulieres. Il faut donc que chaque
individu foit contenu par une force générale. Il
faut qu'il foumette fa volonté propre à celle de
la Société: les biens qu'elle procure lui donnent
le droit incontestable de contenir ou de diriger
les paffions de fes membres, de prefcrire des
bornes à leur liberté, & de les forcer à contribuer à la fûreté & au bien-être de leurs femblables. Mais comment la Société peut-elle exprimer fa volonté? Comment réunir les vœux
de tous les hommes qui la compofent au point de
les réduire à une fomme totale? Cette volonté
ne peut fe rendre fenfible qu'en établiffant une
Autorité qui ait le droit de commander à tous &
de leur faire exécuter fes ordres. Celui ou ceux

qui font dépofitaires de cette Autorité repréfentent donc la Société toute entiere; quelque foit
la forme de fon Gouvernement, c'eft d'elle-même que le Souverain emprunte le droit de commander à fes membres; en un mot, ce n'eft que
de fon aveu qu'il peut devenir fon organe.

§. III. *De la Puiffance Légiflative.*

C'EST par les Loix que le Souverain exprime
la volonté générale. Ainfi le pouvoir légiflatif
eft de l'effence de la Souveraineté. Lorfque les
Loix tendent au bien - être & à la fûreté de la
Société, elles doivent être regardées comme
l'expreffion du vœu de tous; mais lorfque le Souverain dans fes Loix ne confulte que fes propres
defirs, fes intérêts, fes paffions, elles ne font
plus que les expreffions de fes volontés particulieres, & ne peuvent plus être appellées celles
de la Société: l'opinion, la force & l'habitude
peuvent bien la faire plier fous fes ordres; mais
jamais la raifon ne les regardera comme de vraies
Loix; ce nom n'appartient qu'aux volontés qui
obligent ou lient la Société; elle ne peut être
liée que par des regles conformes au but de l'affociation; fans cela on feroit réduit à fuppofer
que la Société, en fe foumettant à l'Autorité
Souveraine, renonce à fa nature & confent à fe
priver du bonheur.

§. IV. *De la Puiffance Exécutrice.*

VAINEMENT la Société donneroit - elle à
l'Autorité Souveraine le droit de faire des Loix,
fi elle ne lui donnoit en même tems la force de

les faire exécuter: cette force s'appelle *Puiſſance Exécutrice*. Elle eſt la faculté d'employer les forces de la Société pour obliger tous ſes membres à ſuivre ſes volontés exprimées par la loi. Les paſſions des hommes révoltent ſouvent leurs volontés particulieres contre les volontés générales, pour peu qu'ils les jugent oppoſées à leurs intérêts préſents & perſonnels. Le bien général ne ſe montre jamais que dans le lointain, à des êtres ſouvent égarés par l'ignorance & leurs paſſions momentanées. Il n'y a que l'expérience, le jugement & la réflexion, en un mot, la raiſon qui puiſſe leur faire ſentir que leur bien-être réel dépend de la conſervation & du bien-être du tout dont ils font partie. La Loi eſt la raiſon publique oppoſée à la déraiſon particuliere. La puiſſance exécutrice eſt la force publique qui, dans chaque ſyſtême politique, oblige les forces particulieres à ſe porter vers le centre commun, où réſide le bonheur & le maintien du tout. Ces deux pouvoirs réunis conſtituent la plénitude de la Souveraineté.

§. V. *Des Loix fondamentales.*

INDÉPENDAMMENT des limites générales & naturelles que tous les Souverains font forcés de reſpecter dans l'exercice de leur pouvoir, il eſt des Sociétés qui ont encore impoſé des bornes plus particulieres à l'autorité de leurs Chefs. Ceux-ci font obligés de s'y ſoumettre, parce qu'elles font l'expreſſion évidente de la volonté des Peuples. Ces limites connues ſous le nom de *Loix fondamentales*, obligent le Souverain à gouverner d'une maniere déterminée, à obſerver

des formes ou regles invariables dans l'adminiſtration de l'Etat, dans la légiſlation, dans l'exécution des Loix, dans l'emploi des forces de
l'Etat; elles fixent l'ordre de la ſucceſſion des
Souverains, les droits des différentes claſſes des
Citoyens, le culte religieux, &c. De quelque
nature que ſoient ces Loix, elles ne peuvent
être abrogées que par la même autorité qui les a
établies; jamais une Société ne peut conférer à
ſes Chefs le droit d'éluder ou d'anéantir les ex-
preſſions authentiques de ſes volontés. La volonté qui a fait la Loi, eſt la ſeule qui puiſſe
l'abroger.

LES Loix fondamentales ne ſont point les
mêmes pour toutes les Nations; elles varient en
raiſon des beſoins, des opinions, des mœurs,
des uſages, des préjugés ou des lumieres, en un
mot, des circonſtances particulieres à chaque
Peuple. D'accord ſur le fond, je veux dire ſur
le deſir du bonheur, les Sociétés ne ſe ſont point
accordées ſur la forme ou ſur les voies que les
Souverains ſeroient obligés de ſuivre pour parvenir à ce but: ces limites ont dépendu du plus
ou du moins de confiance que les Peuples pre-
noient en ceux à qui ils déféroient l'Autorité Suprême. Les Nations qui avoient dejà éprouvé
les abus inſéparables d'un pouvoir trop étendu,
rendues à elles-mêmes, ſongerent à lier plus fortement les mains des Chefs dont la puiſſance pouvoit les opprimer: celles qui avoient éprouvé
d'une façon moins douloureuſe les abus de l'autorité, ne ſentirent pas ſi vivement la néceſſité
de la contenir; elles ne ſtipulerent point ſi expreſſément avec leurs Monarques. Une Nation

belliqueufe, confidérant l'incertitude des événe-
ments de la guerre, laiffa communément à fes
Chefs, un pouvoir prefque fans bornes; elle crut
devoir leur permettre de faire tout ce que leurs
lumieres & leur prudence pouvoient leur fuggé-
rer; l'importance de la promptitude & du fecret
dans les réfolutions, fit qu'on les exempta de formes trop longues & trop gênantes, & de l'embarras de confulter à chaque inftant la Nation
fur le choix des moyens néceffaires pour la conduire à fon but: ainfi on leur laiffa une autorité
plus étendue; en un mot, on les rendit maîtres
des détails de l'adminiftration.

§. VI. *De la Souveraineté héréditaire.*

Des Peuples fubjugués par la force, ou féduits par la reconnoiffance qu'excitoient en eux
les bienfaits de quelques-uns de leurs Souverains,
ont tranfmis à leurs defcendans le droit de régner
fur eux. Telle eft l'origine de la Souveraineté
Héréditaire. Par cette difpofition la naiffance
feule, fans nouveau choix de la part de la Nation, confere le droit de commander. Les Sociétés où cet ufage fe maintient du confentement
des Peuples, femblent s'être propofé d'éviter
les défordres auxquels expofe l'ambition des
compétiteurs puiffants, qui prefque toujours fe
difputent le droit de régner fur leurs Concitoyens. C'eft en effet ce qui arrive communément
dans les Nations où le Souverain ne peut être
remplacé que par une nouvelle Election. Si dans
les Monarchies héréditaires la Nation eft expo-
fée à voir fouvent paffer les rênes du gouvernement en des mains incapables de les porter,

dans les Monarchies électives elle est à chaque
changement obligée de payer de son sang les
nouveaux maîtres qu'elle se donne.

§. VII. *De la Souveraineté illimitée.*

Quelques Nations ont accordé la puissance
législative dans toute son étendue à leurs Souverains ; d'autres ont partagé ce pouvoir, se
réservant à elles-mêmes ou à leurs Représentans,
la faculté de concourir à la Loi, de l'accepter
ou de la rejetter, de la modifier ou de la changer, de l'examiner, en un mot, d'en peser les
avantages & les désavantages. D'autres Peuples
ont réuni dans les mains de leurs Chefs le pouvoir législatif avec celui de faire exécuter les Loix
qu'ils auroient faites, ce qui constitue la plénitude de la Souveraineté, ou, si l'on veut, le *pou-*
voir absolu. D'autres ont eu la précaution de
séparer ces deux pouvoirs, de les remettre en
des mains différentes qui pussent se balancer mu-
tuellement pour la sûreté de la liberté nationale.
Mais, soit que les Peuples aient, par des Loix
expresses, limité le pouvoir de leurs Souverains;
soit que les circonstances leur aient fait négliger
les limites qu'ils pouvoient leur imposer; ni la
force, ni la longueur du tems, ni l'habitude n'ont
pu les priver de la faculté de revenir sur leurs
pas, & de rectifier, d'après leurs besoins & leurs
circonstances actuelles, l'imprudence de leurs
démarches antérieures. La Société demeure toujours maîtresse de fixer des regles à ceux qu'elle
charge d'exercer son autorité; elle peut toujours
leur tracer la maniere dont elle veut être gouvernée ; ce droit réside éternellement en elle ; le

tems ne peut point le prescrire, la force ne peut point l'arracher, l'enthousiasme ne peut point l'aliéner.

Si l'on douttoit de cette vérité, que l'on nous dise pourquoi dans les contrées-mêmes, où les Souverains s'arrogent le pouvoir le plus indépendant, ne se dispensent-ils jamais en montant sur le Trône, de s'assûrer par quelques formalités de l'obéissance & du consentement de leurs Sujets? Les Despotes les plus absolus, dans leurs démélés avec leurs concurrents, ne font-ils pas forcés d'en appeller en dernier ressort à la décision de ces mêmes Peuples qu'ils ont souvent outragés, mais qu'ils reconnoissent alors pour les vrais juges de leurs droits?

De quelque maniere que le Pouvoir Souverain soit distribué, la somme totale en est toujours illimitée. S'il parle au nom de la Société, dont le pouvoir ne connoît point de bornes, il doit avoir le droit d'employer toutes ses forces pour faire exécuter ses volontés par tous ses membres. Ainsi la plénitude de la Souveraineté confere le droit de forcer tous les Citoyens à se conformer aux loix qu'elle a faites ou qu'elle approuve. Obliger les hommes d'obéir à la Loi, c'est les obliger d'obéir à la raison publique qui ne peut vouloir que ce qui convient à la Nature de la Société & aux circonstances où elle se trouve. Lorsque le Souverain commande conformément à la loi, ses ordres doivent être absolus; la Loi doit être Despotique, mais le Souverain ne doit jamais être Despote. La volonté d'une Société équitable n'est point faite pour trouver de résistance dans aucun de ses membres.

§. VIII.

§. VIII. _Limites naturelles de la Souveraineté._

Ces principes incontestables suffisent pour nous faire connoître l'étendue des droits de la Souveraineté; lorsqu'ils sont rassemblés, ils sont les mêmes que ceux de la Nation entiere. Tant que le Souverain gouverne de son aveu, tant qu'il est l'organe fidele de ses volontés, ses Loix sont sacrées pour tous ses Sujets; lorsque ses Loix sont nuisibles ou contraires au vœu de la Nation, elle a le droit de les démentir, de révoquer ses pouvoirs & de s'opposer à la prévarication. Quelques soient les conditions primitives sous lesquelles une Nation s'est soumise, quelques soient les obstacles qui l'ont empêché de stipuler dans l'origine, quelque soit la violence qui a étouffé sa voix par la suite, rien ne peut la priver du droit de faire connoître ses desirs. La volonté de la Société est toujours la loi suprême pour le Souverain comme pour le Sujet; elle est la mesure invariable du pouvoir de l'un & de l'obéissance de l'autre: elle est le lien commun qui unit la Nation à ses Chefs, & ceux-ci à la Nation. Ce lien est réciproque; & lorsque le Souverain le brise, ses Sujets ne peuvent plus être liés.

Quelqu'ait été l'autorité qu'une Société ait consenti à mettre sur sa tête lorsque son choix fut libre, elle ne prétendit jamais se soumettre à une volonté injuste, capricieuse, déraisonnable, elle voulut être heureuse: si elle se priva de l'exercice de ses droits, ce fut pour les remettre entre des mains qui pussent l'en faire jouir plus sûrement; ce fut pour simplifier une machine qui, devenue trop compliquée par les efforts opposés

G

de chacune de ſes parties, couroit riſque de s'arrêter ou d'être à chaque inſtant dérangée dans ſes
mouvements: le bonheur, la ſûreté, la conſervation furent toujours ſon but: en cherchant à mettre ſes membres à couvert de leurs paſſions réciproques, elle n'eut jamais le deſſein de les livrer
ſans défenſe à un pouvoir terrible qui, dépoſitaire de toutes ſes forces, devenoit très dangereux. Elle s'engagea à obéir, mais ce fut pour
ſon bien, ce fut à des volontés juſtes: ce fut à
des loix fondées ſur ſa Nature & conformes à
ſon bien-être.

TELLES ſont les conditions invariables de ce
paſte primitif que toutes les Sociétés ont fait a-
vec leurs Chefs. Que la flatterie n'appelle point
tacite, un paſte que la Nature proclame à haute
voix; que la Tyrannie ne traite point de chimérique, ce titre primordial des Nations: il eſt
gravé pour toujours dans les cœurs de tous les
hommes; la raiſon le fait lire à tous ceux qu'elle
éclaire: ces archives ſacrées, à couvert des injures des âges, de la violence & de l'impoſture
ſe conſerveront éternellement.

§. IX. *Preuves de ces limites.*

SI ce fut une famille qui fournit le modele du
Gouvernement Royal, la Société voulut être
gouvernée comme une famille: un pere comman-
da donc à ſes enfants, il s'engagea de les défendre; ſon expérience, ſes lumieres, ſa raiſon
plus exercée le mirent à portée de prévoir & de
prévenir les périls qui les menaçoient; il dut leur
ôter les moyens de ſe nuire; il dut les exciter à

la bienveillance, récompenfer leurs vertus, &
punir leurs excès. En un mot, la Nation en fe
foumettant à un Roi, voulut être adminiftrée
fur le plan œconomique d'une famille heureufe,
objet de la tendreffe & des foins de fon Chef.

Si les Nations éprifes des vertus, frappées
des talents, reconnoiffantes des bienfaits de quelques-uns de leurs Citoyens, leur ont volontairement déféré le Pouvoir Souverain, cet acte
ne prouve-t-il pas que ce fut à la vertu qu'elles
rendirent hommage, que ce fut à la raifon qu'elles voulurent fe foumettre, que ce fut à la bien-
faifance qu'elles defirerent de s'enchaîner? Si
dans la chaleur de l'enthoufiafme, elles ne ftipu-
lerent point expreffément des conditions avec
leurs Maîtres, dira-t-on que les fucceffeurs de
ceux qu'elles avoient choifis pour leurs vertus
ou leurs lumieres, furent difpenfés d'en montrer
aucunes? La bonté des premiers feroit-elle devenue aux autres un titre pour nuire ou pour
être inutiles?

Quand l'efpoir d'être protégé raffembla des
hommes timides fous les ordres d'un Chef vail-
lant, expérimenté, ces qualités lui donnerent-
elles le droit d'opprimer fes femblables? La Société voulut-elle que ceux qu'elle choififfoit pour
fa défenfe, devinffent fes oppreffeurs, & lui
fiffent éprouver les maux dont elle vouloit fe
garantir? Fallut-il qu'elle impofât la loi de la
protéger, à des hommes que le motif de fa propre fûreté l'engageoit à prendre pour Chefs &
que leurs talents lui rendoient néceffaires?

Quand les Peuples reçurent des Loix de ces

perſonnages fameux qui leur parlerent au nom
de la Divinité, ils crurent, ſans doute, que ces
légiſlateurs illuminés alloient les rendre plus heureux; ils préſumerent que des Loix deſcendues
du ciel, ſeroient plus ſages que celles des hommes & ne pouvoient manquer de les conduire
à la félicité. On ne put pas, ſans outrager la
Divinité, dire à ces Peuples qu'elle prétendoit
que les Souverains euſſent le droit de les rendre
malheureux ou de les gouverner d'une façon injuſte & tyrannique. Quelqu'origine que l'on
donne à l'Autorité Souveraine, ſoit qu'on la ſuppoſe émanée du Ciel, ſoit qu'on la regarde comme fondée ſur le conſentement des hommes, elle
dut avoir toujours l'équité pour baſe & le bien
de la Société pour objet. Si les Nations ne firent aucun traité avec les Maîtres que la Provi-
dence étoit cenſée leur donner, c'eſt parce qu'elles préſumerent qu'un Souverain du choix de
Dieu-méme, ne pouvoit les gouverner qu'avec
juſtice & pour leur plus grand bien.

§. X. *Objections levées.*

ON nous dira peut-être que la plupart des
Gouvernements ſe ſont établis par la violence,
par les armes, par la conquête; que les Nations,
ſubjuguées par des guerriers ou par des brigands
heureux, ont été forcées de recevoir des Loix
telles qu'ils voulurent les impoſer; que contents
de ſauver leurs vies & une partie de leurs biens,
ces Peuples renoncerent à leur liberté, à leur
volonté, à leurs Loix, & ne purent propoſer
des conditions à des vainqueurs farouches, peu
diſpoſés à y ſouſcrire & aſſez puiſſants pour ſe

faire obéir, quelque fût leur volonté. L'on ne peut nier que la force, la guerre & le défordre n'aient établi la plupart des Empires que nous voyons fur la terre; mais ces excés purent-ils jamais donner des titres légitimes? Le droit de conquête, fur lequel tant de Souverains fondent leur pouvoir abfolu, eft-il donc un droit mieux fondé, que celui des voleurs & des affaffins? Si les Loix de la Nature font méconnues ou réduites au filence dans le tumulte de la conquête, elles ne font pour cela ni fufpendues ni abrogées. Le pouvoir n'eft légitime, que par le confentement fubféquent de la Société fubjuguée. Le conquérant devenu le maître commande-t-il toujours à des ennemis? Oui, dira-t-on peut-être; mais dans ce cas les Peuples n'ont-ils point le droit de le traiter en ennemi, de fe défendre contre lui, de le détruire lui-même? Commande-t-il à des Sujets? Il doit les rendre heureux. Si la conquête eft un titre, la violence en eft un, fans doute, & la force feule décidera du fort des Nations. Mais quel homme peut fe flatter d'être toujours plus fort qu'une Nation entiere? Quel vainqueur réfiftera à l'adreffe, à la rufe qui fuppléent fi fouvent à la puiffance? Si la conquête ainfi que l'ufurpation, donnent des droits, ils demeurent incertains dans l'efprit même du Conquérant; la fureur de la conquête une fois calmée, s'il confulte fon propre intérêt, il fentira qu'il commande à une Société toujours plus forte que lui, & qui ne peut renoncer à l'ufage de fon pouvoir & de fes droits Naturels, qu'en faveur des avantages qu'elle attend de fa foumiffion. La force ne donne jamais des droits que la force ou la rufe ne puiffent également détruire.

G 3

§. XI. *Le Confentement de la Nation fait le Souverain légitime.*

AINSI de quelque fource que l'on faffe dériver le pouvoir primitif des Souverains, il n'y eut que le confentement de la Société qui pût le rendre légitime; elle. ne l'accorda jamais gratuitement; ce fut toujours pour fon bien qu'elle renonça à fon indépendance, à l'inimitié qu'elle dut avoir d'abord pour fon aggreffeur. Le devoir & l'intérêt de fes Chefs fut de la rendre heureufe. Soit que les Nations aient fixé par des Loix connues les bornes du pouvoir de leurs chefs, foit que leur foibleffe les ait empêché de régler par des actes authentiques les droits qu'elles leur abandonnoient & ceux qu'elles réfervoient pour elles-mêmes, jamais elles ne purent déroger aux Loix de leur Nature; jamais elles ne purent difpenfer leurs Souverains des Loix de l'équité; jamais elles ne purent renoncer au bonheur, penchant le plus néceffaire de tous les êtres intelligents. Que dis-je? Si quelquefois dans la chaleur des paffions, des Peuples avoient renoncé par des actes folemnels aux droits de leur Nature; fi par un excès d'amour ou de confiance; ils avoient conféré à leurs Monarques le pouvoir le plus illimité, ces démarches dictées par la ferveur de l'enthoufiafme ne peuvent donner au Souverain le droit de les opprimer; jamais des êtres raifonnables n'ont pu ni voulu accorder à leurs Chefs, la faculté de les rendre miférables.

§. XII. *De la Théocratie.*

SI la Nature, l'équité, la religion s'oppofent à l'abus du pouvoir; fi le bon fens réclame hautement en faveur des Nations, quel orgueil aſſez infenſé dans leurs Chefs a pu leur perſuader que les Peuples une fois ſoumis avoient perdu le droit de jamais exprimer leurs volontés? Quelle préſomption a pu faire croire à un foible mortel qu'il avoit aſſez de vertus, de talens, de génie pour gouverner par ſa volonté abſolue des Peuples nombreux, pour veiller aux beſoins d'une Nation étendue, pour donner des Loix toujours utiles & infaillibles à ſes Sujets? Quelle yvreſſe a pu les empêcher d'entendre la voix de la Nature & de la raiſon qui leur annoncent que leurs engagements avec les Peuples ſont réciproques, & qu'en refuſant de les remplir, ils invitoient ces Peuples à y manquer à leur tour.

CEPENDANT des vérités ſi ſenſibles ont été preſque toujours méconnues, & des Souverains, & des Peuples. Si les premiers ſe ſont crus en droit d'abuſer de leur pouvoir, leurs Sujets, par un étrange aveuglement, ſont parvenus à ſe perſuader que tout étoit permis à leurs Chefs, & qu'en ſe ſoumettant à eux, il ne leur reſtoit pas même le droit de ſe plaindre de leurs injuſtices les plus criantes & de leur tyrannie la plus avérée. Par quels preſtiges, des Nations entieres ont-elles pu s'avilir au point de croire qu'elles étoient faites pour être les jouets des paſſions de leurs Souverains? Comment ont-elles adopté des notions ſi contraires à leurs intérêts? Il n'eſt qu'une cauſe dans le monde capable de produire des effets ſi bizarres; c'eſt la ſuperſtition, toujours en contradiction avec la Nature. Elle forma les Dieux ſur le modele des Monarques corrompus, elle transforma enſuite ces Monarques en Dieux. Dans prefque toutes les contrées du monde, le facerdoce occupa le trône. Les Miniftres de la Divinité partagerent avec elle, les hommages & les refpeʿcts de la terre. Repréfentans vifibles des étres invifibles, de qui les mortels faifoient dépendre leurs deftinées, il fut un tems où les Prêtres furent dans tous les climats les Souverains, les Légiflateurs & les Oracles des Nations. Ce Gouvernement facerdotal fut nommé *Théocratie*. Les Dieux furent cenfés gouverner eux-mêmes, tant que leurs miniftres régnerent fur les hommes.

§. XIII. *Abus de ce Gouvernement.*

PAR une fuite néceffaire d'un pouvoir illimité, le facerdoce en abufa. Endormi au fein de la molleffe, de la grandeur, de l'opulence, il fut obligé de fouffrir que l'ambition des guerriers ou la volonté des Peuples arrachât de fes mains un pouvoir devenu trop indolent ou trop incommode. Des Nations belliqueufes ne purent longtems s'accommoder de Souverains que leurs fonctions paifibles, leur inactivité, leur inexpérience éloignoient des combats; il leur fallut des Chefs plus agiffants, elles choifirent donc de nouveaux Rois. Obligé de céder à la force & dépouillé de la puiffance fuprême, le Sacerdoce voulut au moins retenir une portion de l'autorité & de l'indépendance dont il avoit joui. Tantôt il intimida, tantôt il flatta les Souverains. Prefque toujours il ofa tout impunément. Cet ordre, refpecté par les Peuples, en impofa à leurs Chefs. En un mot, foit par audace, foit par rufe, il prit de l'afcendant fur les Princes. Il excita leur

orgueil, il alimenta leur ambition, il travailla
fur-tout à rendre leur autorité facrée, à condition néanmoins de la partager avec eux. Parvenu
à fes fins, il perfuada aux Peuples que le pouvoir que leurs Chefs tenoient, foit de la force,
foit du confentement des hommes, étoit une
émanation de la puiffance fuprême qui gouverne
l'univers. Ainfi les droits des Souverains fe
changerent en des *Droits divins;* leur autorité
fut irrévocable, & leurs actions furent fouftrai-
tes au tribunal des Nations: ces Nations aveuglées adopterent ces idées furnaturelles & fur la
foi de leurs guides religieux, eurent pour leurs
Chefs une vénération aufli profonde, une foumiffion aufli peu raifonnée que pour les Dieux
dont elles les crurent les images. Ainfi les Rois
devinrent des Dieux, ils ne furent plus compta-
bles de leurs actions à leurs Sujets: la Société
dégradée, avilie, anéantie, perdit tous fes droits;
elle fut éclipfée par la majefté du trône: fou-
mife fans réferve aux volontés de fes Maîtres les
plus déraifonnables, elle fe crut deftinée par le
ciel à ne travailler que pour eux: elle fe perfuada que l'oifiveté, le fafte, la licence, le droit
d'opprimer & d'être injufte étoient leur partage;
& que le travail, l'abjection & l'efclavage étoient
le fort réfervé pour elle-même; elle vit le Très-
Haut dans fes Tyrans les plus pervers; elle n'ofa
plus lever fur eux fes regards, & proftrernée
dans la pouffiere, elle attendit leurs decrets en
filence.

TELLE fut la vraie fource de la corruption
des Rois & de l'aviliffement des Peuples. Le
Souverain fut tout, fa Nation ne fut plus rien:

la volonté publique diſparut, celle d'un ſeul devint la Loi. Ainſi naquirent le Deſpotiſme, le
Pouvoir arbitraire & la Tyrannie: en un mot,
le Gouvernement dégénéra en un abus honteux
du pouvoir, contre lequel les Nations ſubjuguées
n'eurent plus la liberté de réclamer. La Royauté devint un myſtere. Un ſeul homme dans chaque Société fut l'objet des ſoins, des travaux,
des regards de tous; ſes caprices furent appellés
des Loix; ſa force lui tint lieu de droits; la
foibleſſe & la lâcheté des Peuples paſſerent pour
des conſentemens; & ſur les ruines de la félicité
publique, on érigea un trône aux paſſions, aux
fantaiſies, à l'orgueil du Monarque diviniſé.

§. XIV. *La Licence ne peut être autoriſée par
la Divinité.*

EN ſuppoſant la vérité des principes merveilleux ſur leſquels ſe fondent ces prétentions faſ-
tueuſes: en conſentant pour un moment à regarder les Rois comme les images de la Divinité,
que pourra-t-on en conclure? Sera-ce des
Dieux méchants, cruels, injuſtes, malfaiſants,
en un mot, des Démons qu'ils devront repréſenter? S'il eſt un lien ſecret qui uniſſe les créatures
au Créateur, c'eſt, ſans doute, l'eſpérance des
biens qu'elles en attendent. S'il exiſte une Pro-
vidence occupée des mortels, ſi elle leur a donné des Loix, ſi Dieu lui-même s'eſt ſoumis à
des devoirs, à des regles envers l'homme, Dieu
eſt lié par ſes promeſſes, il doit des récompenſes
pour les vertus qu'il ordonne; il ne peut punir
que ceux qui violent ſes décrets. La bonté, la
juſtice divine ſont les ſeuls liens qui uniſſent

l'homme à son Dieu. Mais si tout est permis aux Monarques, s'ils ne doivent rien à leurs Sujets, s'ils sont dispensés des Loix de l'équité, de la raison, de la bienfaisance, ne se mettent-ils pas au-dessus de la Divinité-même qu'ils disent représenter?

Ainsi, même en accordant une origine céleste à l'Autorité Souveraine, dès que l'on suppose dans le Monarque de la Nature, bonté, justice & raison, l'on est en droit d'exiger ces qualités de ceux qui se vantent de tenir leur pouvoir de ses mains. Dira-t-on qu'un Dieu que l'on appelle bon, parce qu'on lui suppose de la tendresse pour les hommes, veut être représenté sous les traits d'un Tyran? Peut-il approuver qu'un homme, lorsque ses passions le changent en une bête féroce, ait le droit exclusif de dévorer ses semblables? Ce Dieu consent-il qu'un mortel, qui réellement ne diffère en rien des autres, viole suivant ses caprices les Loix qui maintiennent l'existence de ses créatures? A-t-il résolu dans ses décrets éternels qu'un seul membre de chaque Société profitât du travail de tous les autres, ne s'occupât que de son propre bonheur, & rendît à son gré le plus grand nombre malheureux? Les ministres de la Religion sont en contradiction avec leurs propres principes, lorsqu'ils s'efforcent de rendre sacrée, l'autorité des Tyrans, & de mettre leur personne sous la sauve-garde du ciel.

§. XV. *Du Droit Divin.*

Ceux qui fondent le pouvoir des Rois sur la volonté divine, ou qui affectent de paroître le plus perfuadés des *Droits divins* de leurs Souverains, ne laiffent pas de contredire par leur conduite ces fpéculations merveilleufes. N'eft-ce pas en effet un attentat facrilege, une contradiction évidente, que de fufpendre l'obéiffance à des ordres émanés d'un maître établi par la Divinité même? N'y a-t-il pas de la témérité à réfifter à un Monarque qui eft l'image du Très-Haut? La foumiffion la plus abjecte & la moins raifonnée devroit être la fuite néceffaire d'un principe fi merveilleux; les vils efclaves de l'Afie qui, fans murmure, fe foumettent aux fantaifies de leurs Sultans Defpotiques, & qui reçoivent avec joie la mort même de leurs mains, font, fans doute, plus conféquents, que des Prêtres Européens qui, convaincus du droit divin de leurs Monarques, ne laiffent pas de réfifter à leurs ordres, ou que des Magiftrats qui ont la témérité de leur faire des repréfentations?

L e bon fens nous prouvera toujours que, de quelque maniere que le Gouvernement fe foit établi, les Souverains demeurent foumis à des regles fuffifamment indiquées par l'intérêt de la Société qui doit être pour eux la Loi fuprême: il ne leur eft point permis de fubftituer leurs volontés à cette Loi, ni leur intérêt perfonnel à l'intérêt général. Ainfi tout confpire à montrer que le pouvoir abfolu eft un délire; que le Defpotifme & la Tyrannie, ainfi que l'Anarchie, ne peuvent être appellés des Gouvernements; que les Defpotes & les Tyrans, font des ufurpateurs, des voleurs, des brigands. Tout Gouvernement fuppofe des rapports entre celui qui gouverne & ceux qui font gouvernés; les devoirs des uns & des autres font les réfultats de ces rapports expliqués par les Loix, qui feules conferent des droits, parce qu'elles font l'expreffion de la volonté de tous: or tous veulent l'ordre, parce que c'eft de l'ordre que réfulte le bonheur; un pouvoir fans bornes ne peut être qu'un défordre.

§. XVI. *La poffeffion ne peut légitimer l'abus du Pouvoir.*

VAINEMENT les fauteurs du pouvoir arbitraire fondroient-ils leurs droits fur une poffeffion antique & non interrompue, fur le filence des Peuples, fur un exercice non difputé pendant un grand nombre de fiecles; fur des prérogatives accordées par le corps même de la Nation: la violence, l'oppreffion, la crainte, la crédulité, les préjugés, l'imprudence parviennent fouvent à engourdir les Peuples, à fafciner leur entendement, à brifer en eux le reffort de la Nature. L'ignorance rendra toujours les hommes lâches, efclaves & malheureux. Mais lorfque des circonftances favorables ouvrent les yeux des Peuples, lorfqu'ils entendent la voix de la raifon, que dis-je? lorfque là néceffité les force de fortir de leur léthargie, ils rougiffent de leurs foibleffes & de leur aveuglement. Ils voient alors que les droits prétendus de leurs Tyrans ne font que des effets de l'injuftice, de la force, de la féduction, qui jamais n'ont pu détruire les droits éternels de l'homme. C'eft alors que les Nations rappellées à leur dignité, fe fouviennent que ce font elles-mêmes qui ont établi l'autorité: qu'elles ne fe font foumifes que pour fe rendre plus heureufes: que la Loi n'eft faite que pour repréfenter leurs volontés, & que lorfque le pouvoir fouverain s'écarte de leur plan, elles rentrent dans leur indépendance primitive & peuvent révoquer des pouvoirs dont on abuse indignement.

EN un mot, si, comme on n'en peut douter, l'Autorité Souveraine n'a réellement pour base que le consentement des Peuples, les Peuples n'ont jamais pu consentir qu'un seul ou que plusieurs Citoyens eussent irrévocablement le droit de rendre tous les autres malheureux. Si l'Autorité Souveraine se fonde sur la conquête, c'est-à-dire sur une force injuste, tout Citoyen audacieux pourroit légitimement s'en emparer, ou tout Citoyen courageux seroit en droit de la détruire dès qu'il en auroit le moyen. Si cette autorité est émanée d'un Dieu juste, & qui veut le bienêtre des hommes, ce n'est qu'en exerçant la justice & en procurant des avantages à la Société, que les Souverains entreront dans ses vues; en la rendant malheureuse ils établiroient leur pouvoir sur la volonté d'un être malfaisant qui se plairoit à voir les humains dans l'infortune & à jouir de leurs douleurs, dispositions que, sans blasphême on ne peut attribuer à la Divinité, dans laquelle on ne doit supposer ni malice ni cruauté.

§. XVII. *Nation représentée.*

AINSI, soit que le consentement des Peuples, soit que la conquête, soit que la Divinité aient établi le pouvoir d'un Souverain, soit que les Nations lui aient accordé la plus grande étendue, soit qu'elles l'aient resserré par des Loix expresses, il reste toujours dans le corps de la Nation,

une volonté fuprême, un caractere indélébile,
un droit inaliénable, un droit antérieur à tous les
autres droits. Mais, dira-t-on, qu'eft-ce que la
Nation? C'eft le plus grand nombre des individus qui compofent une Société. Comment réuni-
ront-ils leurs volontés pour exprimer leurs intentions? Ce fera par fes *Repréfentans*; fi elle n'en
a point, fes volontés n'en feront pas moins fen-
fibles aux yeux de tout bon citoyen: fi la Nation
eft gouvernée avec juftice, fi elle jouit de la fûreté, fi fes terres font bien cultivées, fi les pos-
feffions font invariablement affûrées à leurs propriétaires, fi la Loi feule a droit de punir & de
borner la liberté; fi les befoins naturels du plus
grand nombre font fatisfaits, les vœux de la Société font remplis, elle n'a rien de plus à prétendre. Le plus grand nombre eft-il privé des avantages de la Nature? La perfonne & les poffeffions
des Citoyens font-elles à la merci de l'injuftice &
de l'oppreffion? Vivent-ils dans l'indigence & la
mifere? Leurs champs font-ils incultes & aban-
donnés? Le Gouvernement néglige-t-il de les
protéger? alors la Société malheureufe dans le
plus grand nombre de fes membres, eft évidemment mécontente; il fuffit donc d'ouvrir les yeux
pour juger de fon vœu: elle ne peut approuver
un état violent & contraire au but de l'affociation, alors fi le Souverain refufe de l'entendre
ou de remédier à fes peines, il ne mérite plus de
commander; s'il eft privé de fon pouvoir, la
Société lui rend juftice; elle ne fait qu'ufer de
fes droits, antérieurs à ceux des Chefs qu'elle
avoit choifis pour la guider vers le bonheur.

§. XVIII. *Danger des troubles.*

L a Société eſt dans un état de maladie, lorſqu'elle eſt mal gouvernée ; elle eſt alors en droit
de chercher des remedes ; mais pour ſon intérêt, elle ne doit recourir qu'à ceux qui ne ſont
point nuiſibles à elle - même. En Politique comme en médecine, les remedes violents ſont toujours dangereux ; on ne doit les employer que
lorſque l'excès des maux les rendent abſolument
néceſſaires. Il eſt donc à propos de temporiſer
avec le mal, tant qu'il eſt ſupportable, de laiſſer quelque choſe à faire au tems & à la Nature.
L'expérience nous montre en effet que rien n'eſt
plus funeſte que les remedes que l'imprudence,
la précipitation ou la paſſion appliquent trop
communément aux maux des Nations. Les E-
tats périſſent ſouvent des ébranlements trop vifs
que leur donnent les criſes dont ils eſpéroient le
retour de la ſanté. Un Peuple doit ſupporter
ſes maux toutes les fois qu'il lui en coûteroit trop
de ſang pour les guérir. Il eſt ſage de vivre
avec des infirmités que l'on ne pourroit détruire
ſans accélerer ſa propre deſtruction. Une Nation, comme un individu, a reçu de la Nature
le droit inaliénable de ſe défendre contre un
ennemi ; elle peut, ſans doute, ſe ſoulever contre le Tyran qui l'opprime ; mais tous deux ſont
imprudents & aveugles, lorſque, pour ſe défai-
re de l'ennemi, ils s'expoſent à ſe priver de la
vie. Il faut conſentir à ſouffrir, dès qu'il peut
réſulter de plus grands inconvénients du remede,
que du mal même.

C e s vérités ſont ſenties par inſtinct dans preſque toutes les Sociétés : malgré leur amour du
bien-

bien-être & leur répugnance pour le mal, la crainte de plus grands maux les retient dans l'inertie.
Si la raison guidoit les hommes, si les volontés
des Citoyens pouvoient se réunir, si l'enthousiasme politique ne les aveugloit souvent, rien ne
feroit plus facile que d'écarter les maux à mesure que la Société les ressent ; mais ce sont toujours des passions qui s'opposent à des passions.
Dès que l'imagination se peint & s'exagere ses
malheurs, les hommes se réveillent comme en
sursaut ; leur fureur allumée ne connoît point
de bornes, & dans leur aveuglement ils ne font
souvent que redoubler le poids de leurs infortunes. Ainsi la Tyrannie succede à la Tyrannie,
le Despotisme passager est suivi de l'Anarchie ou
d'un Despotisme encore plus cruel. Un Sultan
étranglé aura pour successeur un Sultan encore
plus digne de l'être. Charles I. perd le trône &
la vie pour expier des fautes exagérées par des
fanatiques ; l'Angleterre tombe dans les fers d'un
hypocrite ambitieux qui, sous prétexte de la protéger, se sert des fureurs d'un petit nombre d'in-
sensés pour établir sans obstacle sa propre Tyrannie.

DANS les révolutions, les hommes guidés par
la fureur ne consultent jamais la raison ; leur imagination exaltée fait qu'ils portent tout à l'excès,
& n'envisagent que le moment. Aveuglés par
des ambitieux, par des fanatiques ou par des
charlatans politiques, pour guérir un mal léger
que la raison eût montré nécessaire, ou que le
tems eût aisément fait disparoître, les Peuples se
font souvent des plaies profondes qui finissent par
entraîner la ruine du Corps Politique ou par l'affoiblir sans fruit.

H

Il n'en feroit pas de même, fi la Société étoit affez éclairée ou de fang froid, pour travailler avec prudence à fa guérifon, ou fi guidée par des hommes vertueux, elle cherchoit les remedes les plus convenables à fes maux: fans tumulte, elle réprimeroit alors des Chefs devenus injuftes; elle etabliroit fa fûreté; elle rentreroit en pos-feffion du pouvoir dont on auroit abufé contre elle & qu'elle n'eût pas fongé à reprendre, fi en temporifant elle n'eût mis fon exiftence en danger.

§. XIX. *La Société eft toujours maîtreffe de la Souveraineté.*

Si la Nation feule a droit de conférer le pou-voir fupréme, elle feule a droit de le reprendre. Le Citoyen eft un ufurpateur, dès qu'il veut ju-ger pour elle. Si c'eft un crime d'ôter la vie à fon femblable, c'eft un attentat bien plus crimi-nel encore, d'arracher la vie à ceux qui gouver-nent; c'eft une témérité facrilege, d'expofer une Nation par une vengeance qu'elle n'a point a-vouée, à des maux fouvent plus cruels que ceux qu'elle éprouve. Le Citoyen doit fupporter avec la Patrie les maux qu'elle éprouve en filence & facrifier à fon repos ceux qu'il endure tout feul. Il doit ou fuir ou refter tranquille, tant qu'il eft feul à fe plaindre : il doit fe joindre à tous lorfque tous fe plaignent.

Il eft, fans doute, honteux pour le genre humain d'avoir prefque toujours méconnu des vérités fi frappantes. C'eft à cet aveuglement que l'on peut attribuer une foule de maux que les Gouvernements ont faits aux hommes. Les Souverains des Nations, deſtinés par elles à les conſerver, à les maintenir dans une exiſtence heureuſe, ont communément employé les forces qu'elles leur avoient confiées, pour les priver de la liberté, de la propriété, de l'uſage de la raiſon, & les ſoumettre à des Loix qui n'étoient plus l'expreſſion que des caprices & des fantaiſies de ceux qui, ſans aucun droit, les impoſoient aux hommes. Delà naquirent l'eſclavage & ces abus continués dont des Chefs ambitieux ſurent ſe faire des titres que la force contraignit les Nations de reconnoître en frémiſſant.

MAIS les principes qui viennent d'être établis ſuffiront pour diſtinguer les titres légitimes des titres uſurpés, ou pour apprécier les droits des Souverains. Ils ſont toujours les mêmes en tout pays, ſous quelque nom que l'on déſigne les Chefs de la Société: les noms ne changent rien à l'eſ-fence des choſes.

AINSI qu'eſt-ce qu'un Monarque? C'eſt un homme à qui ſa Nation ſuppoſe les vertus, les talents, les qualités néceſſaires pour lui procurer les avantages qu'elle eſt en droit d'exiger. Un Roi eſt un Citoyen choiſi par ſes Concitoyens pour parler & pour agir au nom de tous, pour être l'organe & l'exécuteur des volontés de tous, pour être le dépoſitaire du pouvoir de tous. Suivant les conditions expreſſes que les Nations leur ont impoſées, les Rois les repréſentent en tout ou en partie. Lorſque leur pouvoir n'a point été limité, c'eſt-à-dire, quand la Nation ne s'eſt point expreſſément réſervé quelque part dans la légiſlation, l'autorité que le Monarque

H 2

exerce peut être nommée *absolue.* Mais lorsque
la Nation par des conventions connues a stipulé
avec son Monarque ou s'est réservé par des actes
authentiques l'exercice d'une portion du pouvoir,
la Souveraineté se nomme Monarchie *Mixte*,
Limitée, Tempérée. Dans l'un & l'autre de ces
cas, le pouvoir du Monarque n'a pourtant dans
la réalité que la même étendue. L'omission d'une
formalité ne peut anéantir à jamais les droits de la
Société. Aux yeux de l'équité, les Monarques à
qui les Peuples n'ont imposé aucunes conditions,
ne sont pas plus en droit de les opprimer ou de
leur nuire, que ceux dont ils ont le plus soigneusement limité l'autorité.

§. XX. *Questions Naturelles.*

Un grand nombre d'Auteurs trompés par le
son des mots, ou dans la vue de flatter, ont
cru que le titre de *Monarque absolu* annonçoit un
pouvoir qui ne connoissoit d'autres bornes, que
celles de sa propre volonté. Cette erreur propa-
gée par l'intérêt des Courtisans, par l'ambition
des Ministres, a fait de la plupart des Rois, des
êtres divins, mystérieux, inconcevables, dont
les Nations aveuglées ne se sont plus permis d'e-
xaminer les droits. Subjuguées par la force,
par l'habitude & par l'opinion, elles se sont cru
engagées à subir sans murmure le joug le plus
accablant, le plus révoltant, le plus contraire à
leur Nature, le plus opposé au but de toute association.

Ces idées, comme on l'a vu, ont ouvert un
champ sans bornes aux passions des Rois, qui,

par une pente naturelle à tous les hommes, s'occuperent uniquement de se rendre puissants, riches & heureux, & sacrifierent à l'agrandissement de leur pouvoir, le bonheur des Nations confiées à leurs soins. Ainsi les Sociétés ne trouverent souvent, que des ennemis & des oppresseurs dans ceux qu'elles avoient choisis pour être leurs défenseurs, leurs guides, & leurs peres; elles oublierent qu'elles ont une volonté; l'inhabitude de l'exprimer, en étouffa le ressort; & d'âges en âges une race de mortels malheureux transmit à sa postérité, ses infortunes & ses préjugés.

Pour détruire des erreurs dont les suites sont si funestes au genre humain, il suffit de rapprocher, en peu de mots, les principes qui viennent d'être établis. Simplifions-les encore, & que le bon sens résolve les problêmes qui vont être proposés.

1°. Un Roi cesse-t-il d'être un homme? Du moment qu'il est revêtu de la Puissance Souveraine, passe-t-il à une espece nouvelle? Devient-il un être d'un ordre plus sublime? Son rang le dispense-t-il des devoirs de la Nature Humaine?

2°. Y eut-il des Sociétés avant qu'il y eût des Monarques? Peut-il y avoir des Rois, sans qu'il existe des Nations? Un Souverain n'est-il pas membre de la Société qu'il gouverne? Est-il seul destiné à recueillir les fruits de l'association générale?

3°. Le tout doit-il céder à sa partie? La volonté d'un feul doit-elle l'emporter fur les volontés de tous? Eft-il dans chaque Société, un être privilégié qui foit difpenfé d'être utile? Le Souverain eft-il feul dégagé des liens qui uniffent tous les autres? Un homme peut-il lier tous les autres, fans leur tenir lui-même par aucun lien?

4°. En fuppofant l'Autorité Souveraine émanée de la Divinité, peut-on croire qu'un Dieu jufte ait deftiné des millions d'êtres de la même efpece, à contribuer gratuitement au bonheur d'un feul d'entre eux? Le Ciel auroit-il condamné tous les Peuples de la terre au travail, à l'indigence, aux larmes, pour repaître la vanité, les fantaifies, l'ambition d'un petit nombre d'hommes ou de familles qui les gouvernent?

5°. De quelle Nature peut être cette vertu divine communiquée aux Monarques, qui rend leur autorité irrévocable même aux yeux de ceux qui l'ont conférée? Le Droit *Divin* prive-t-il une Nation du droit Naturel de fe défendre, de fe conferver, de repouffer tout ennemi qui l'attaque? Dieu donne-t-il au Souverain, le droit exclufif de l'offenfer impunément? Ote-t-il aux Nations le droit de veiller à leur fûreté & de fe garantir de leur perte?

6°. La poffeffion d'un pouvoir injufte dans fon origine, maintenu par la force, fupporté par la foibleffe, eft-elle un titre que la juftice, la raifon & la force ne puiffent jamais détruire?

7°. N'est-ce que pour commander, que les Monarques font faits? N'eft-ce que pour obéir, que leurs Sujets font deftinés? N'eft-ce en vue d'aucun profit, que les hommes ont renoncé à l'usage d'une partie de leur liberté, de leur propriété, de leurs forces? En se soumettant à l'un d'entre eux, ont-ils prétendu s'interdire à jamais tous les moyens légitimes de travailler à leur propre bonheur? Ont-ils voulu conférer à quelqu'un le droit de les rendre malheureux sans ressource?

8°. Enfin supposera-t-on qu'une Nation ait prétendu que son sort dépendît du caprice d'un seul homme qui, par ses passions, ses foiblesses ou ses folies, pût à chaque instant la conduire à sa ruine, sans que jamais il lui fût permis de mettre obstacle à ses projets?

§. XXI. *Le pouvoir arbitraire est contre Nature.*

C'est à des questions si simples, que peuvent se réduire toutes les disputes sur les droits réciproques des Souverains & des Sujets. Lorsque les préjugés permettront à l'équité de se faire entendre, elle décidera sans balancer que la Société n'a pu choisir des Rois, ou consentir à se soumettre à une autorité quelconque, que dans la vue de se procurer par là des avantages qu'elle n'auroit pu obtenir autrement. Le bon sens nous criera qu'une Nation n'a jamais pu vouloir qu'un seul de ses membres fût heureux aux dépens de tous les autres. La voix de la Nature réclamera sans cesse pour les Peuples, lorsqu'une injuste oppression les retiendra sous un joug auquel la Nature Humaine ne peut pas consentir.

S'il n'est point d'autorité légitime sans le
H 4

confentement des Peuples; fi les Nations ne peuvent fe foumettre qu'à des loix conformes à leur
Nature; enfin fi la Société ne peut renoncer à
fon bien-être, il fuit qu'elle ne peut acquiefcer
à l'oppreffion, fous quelque forme qu'elle fe
montre: il fuit qu'elle peut reprendre fes droits
& fe fervir de la force pour repouffer la force
qui l'accable: les nœuds qui l'uniffent à fes Chefs,
ne peuvent être que conditionnels; dès qu'ils
les rompent, ils font brifés pour elle. Quels
titres, quelles conventions, quels pactes pourroient la priver pour toujours de la faculté de fe
conferver?

Le Pouvoir Souverain n'eft plus que la guerre
d'un feul contre tous, dès que le Monarque
franchit les bornes que lui prefcrit le vœu des
Peuples; fon autorité ne fubfifte qu'autant que
la force les oblige de plier. Ainfi le Pouvoir
Arbitraire eft un pouvoir contre Nature, incapable d'affûrer ni l'autorité du Souverain, ni la
tranquillité des Sujets: il feroit infenfé qu'il fût
approuvé par les Nations qui ne peuvent fans
folie fuppofer dans tous ceux qui les gouvernent, la volonté ou la capacité de travailler à
leur bonheur. L'exercice en feroit injufte, en
ce qu'une volonté unique s'arrogeroit le droit de
contredire toutes les autres. Elle feroit une tyrannie & une ufurpation, en ce qu'elle priveroit
les hommes par la force, des droits effentiels &
facrés dont ils ne peuvent être dépouillés. Un
pouvoir de cette efpece n'eft plus un Gouvernement; c'eft un abus, un brigandage, un défordre. Pour être Souverain abfolu, il faudroit
être fouverainement fage; fi la fageffe des Prin-

ces a des limites; si leurs lumieres sont bornées;
si ceux qui les conseillent sont sujets à se tromper, il faut que leur pouvoir reconnoisse des
bornes. Vouloir avec des forces & des connoissances limitées, exercer un pouvoir illimité,
c'est prétendre follement s'élever au dessus de la
Nature Humaine.

§. XXII. *De la vraie Souveraineté.*

Il n'y a qu'une Souveraineté soumise aux
loix de l'équité, que l'on puisse regarder comme
un Gouvernement approuvé par un Peuple.
L'administration est alors à l'abri des factions
que la diversité des intérêts fait naître très souvent dans les Nations, où plusieurs partagent
l'autorité. Le Pouvoir Suprême représenté par
le Prince ou par des Citoyens d'élite, se fait obéir
volontairement des Peuples. Si l'Etat est Monarchique, alors toutes les forces rapprochées,
concentrées, remises entre les mains d'un seul,
agissent sans obstacle, & se portent avec promptitude où les besoins l'exigent. Le Monarque
semblable à un pere de famille, commande à ses
enfants, les a perpétuellement sous les yeux,
leur laisse l'usage de leur liberté & ne les prive
que d'une licence qui leur deviendroit dangereuse. Comment un vrai Monarque sépareroit-il
ses intérêts de ceux d'une famille qui le regarde
comme son chef? Ne ressembleroit-il point à
un pere dénaturé qui, par une négligence indigne, livreroit ses enfants à l'abandon, ou chercheroit à leur ravir des avantages qu'il doit leur
procurer?

Sous des Souverains équitables, les Loix fondées sur l'intérêt de tous, sur leurs besoins, ne font que l'expreffion de la volonté publique, & remédient fans délai aux maux de la Société. Si la conftitution de l'Etat met le Chef dans le cas de confulter fon Peuple, il en réfulte une obéiffance raifonnée; fes ordres deviennent pour lors le vœu de la Nation; on s'y foumet avec joie, parce qu'on en connoît le but & les motifs: la liberté du Citoyen n'eft point révoltée d'une obéiffance qui n'eft qu'un facrifice à fon propre intérêt. Des Loix juftes faifant la fûreté de tous, le Monarque lui-même ne peut s'en difpenfer; il fait que ni fon titre, ni fon rang, ni fon pouvoir ne peuvent le fouftraire à la volonté générale; pour la rendre refpectable, il doit la refpecter lui-même.

§. XXIII. *Des Privileges.*

CELA pofé, de quel droit les Princes foumis eux-mêmes aux Loix, s'arrogeroient-ils le pouvoir d'en difpenfer les autres? Quelle force pourront avoir des regles verfatiles, obligatoires, pour les uns & fans force pour ceux que la faveur prétendroit diftinguer? Si fans fe nuire à elle-même, la Société ne peut qu'étendre & appliquer les Loix immuables de la Nature, comment les organes & les exécuteurs de fes volontés pourroient-ils difpenfer quelqu'un d'y obéir? Toute exemption de la Loi eft une injure faite à la Loi & à la Société; la Loi eft-elle utile & Jufte? Elle doit commander à tous; eft-elle injufte, inutile ou nuifible? Elle doit être anéantie pour tous. Nul Citoyen, s'il avoit de l'équité ou s'il réfléchiſſoit, ne pourroit être flatté de jouir à l'excluſion de ſes concitoyens de privileges injuſtes qui l'expoſent à la haîne de ſes aſſociés, ou ſéparent ſon intérêt du leur. Le droit de faire le mal impunément, ne peut flatter qu'un ſcélérat, un mauvais Citoyen. Eſt-il une vanité plus déteſtable, que celle qui met ſa grandeur ou ſa gloire dans le pouvoir de nuire? Eſt-il une vanité plus puérile & plus inconſidérée, que celle de ces prétendus Grands qui ſe croient honorés par d'indignes privileges que le deſpotiſme peut accorder & révoquer ſans raiſon?

QUELLES idées les Peuples auront-ils de l'équité? Quel reſpect auront-ils pour les Loix lorſqu'ils les verront foulées aux pieds par leurs maîtres, & inſolemment violées par les Grands qui les entourent? N'eſt-ce pas faire mépriſer & déteſter la loi, que d'y ſouſtraire les Grands & de s'en ſervir pour écraſer les Petits? Quelles notions de juſtice doit-on avoir dans ces pays où les Nobles, c'eſt à dire les Citoyens les plus riches, ſont exempts des impôts dont le Pauvre eſt ſurchargé!

SI les Loix ne ſont faites que pour établir un juſte équilibre entre les membres d'un Etat, ſi elles doivent remédier aux inconvéniens qui pourroient réſulter de l'inégalité naturelle des hommes, les exemptions de la Loi rendent ces vues inutiles; elles augmentent l'inégalité; elles la font ſentir d'une façon douloureuſe; elles privent quelques Sujets, des avantages qu'elles accordent à d'autres; enfin elles invitent des Citoyens à ſe ſéparer de leurs Concitoyens, à diſtinguer leurs intérêts de ceux de la Société. L'eſprit de corps fut & fera toujours contraire à l'efprit de Société.

L'ACCEPTION des perfonnes eft une fource intariffable de maux dans les Nations : la partialité des Souverains détruit toute juftice ; & fans juftice, la Société devient le théâtre de l'oppreffion & du défordre. Il n'eft gueres de pays dans le monde où la Loi parle également à tous les Sujets ; févere pour le foible & le pauvre, elle adoucit fa voix pour les riches & les grands. Indulgente pour les uns, elle écrafe les autres. Il faut prefque par-tout du crédit, du pouvoir, de la protection, des richeffes, pour obtenir les objets fur lefquels on a les droits les plus légitimes ; enfin prefqu'en tout pays, il eft permis à quelques Citoyens d'être injuftes & de mal faire. La Loi eft inutile, & l'autorité devient inique, lorfque les hommes ne font point récompenfés ou punis en raifon de l'emploi utile ou nuifible qu'ils font de leurs facultés.

§. XXIV. *Droits du Souverain fur la propriété.*

LES Souverains croient d'ordinaire que leur pouvoir leur donne des droits illimités fur les biens de leurs Sujets. Chargés par la Société de la protéger & de lui procurer les avantages qu'elle defire, ils ne jouiffent du pouvoir, que pour affûrer la perfonne & les poffeffions de fes membres, pour les garantir contre la violence & la fraude. Le droit de défendre peut-il donc conférer le droit de prendre les biens que l'on doit protéger ? L'Autorité Souveraine n'eft armée d'un fi grand pouvoir, que pour oppofer des barrieres

plus fortes & des remédes plus prompts aux pas-
fions des Sujets, & non pour mettre le Souverain
à portée de donner un libre cours à fes propres
paffions. La liberté, la propriété, la fûreté font
les uniques liens qui attachent les hommes à la
terre qu'ils habitent. I! n'eft point de Patrie, dès
que ces avantages ont difparu.

E n fe foumettant à l'Autorité Souveraine, les
Nations ont dû, fans doute, confentir à lui four-
nir tous les moyens de travailler efficacement à
leur bonheur : ainfi chaque individu a facrifié une
portion de fes biens pour contribuer à la confervation de la propriété totale. Telle eft la fource de l'impôt. Il n'eft jufte, que lorfque la Nation confent à s'y foumettre; fon ufage n'eft légitime, que lorfqu'il eft fidélement employé à la
confervation de l'Etat. L'utilité publique doit être
fa mefure invariable : la proportion des poffeffions
& des bienfaits dont on jouit eft la regle de ce
que chacun des membres doit contribuer. Les
impôts font des vols, dès qu'ils ceffent d'avoir
pour objet les moyens de conferver l'Etat & d'af-
fermir fon bonheur. Le Prince eft un brigand,
un concuffionaire, quand il emploie la force pour
ravir les biens d'une Nation fans avantages pour
elle; il eft un prévaricateur, un économe infidele, lorfqu'il détourne à fon propre ufage les
richeffes dont il n'eft que l'adminiftrateur & le
dépofitaire : il eft coupable, lorfque contre l'in-
tention publique il prodigue en dépenfes inutiles,
en un fafte orgueilleux, en des libéralités peu
méritées, les tréfors deftinés aux befoins de l'Etat.

§. XXV. *Du droit de faire la guerre.*

La Guerre est pour les Nations une source féconde de calamités, de véxations, de ruine. C'est sous prétexte de guerres, que les Peuples font écrasés d'impôts. Tout Prince guerrier est, & l'ennemi de son Peuple, & le fléau du genre humain.

Le tumulte des combats permet rarement d'entendre le cri de la justice ou la voix douce de la raison. Ce n'est qu'en gémissant qu'un bon Roi prend les armes. Un Prince belliqueux ne commande qu'à des Peuples ruinés: une Guerre injuste est le plus grand des forfaits; une guerre inutile est le comble du délire. C'est pour la conservation de son Peuple, c'est pour l'intérêt, de son Peuple, c'est de l'aveu de son Peuple, qu'un Souverain doit faire la guerre; dès que le danger finit, la guerre doit cesser. Tout Conquérant est un fou qui commence par ruiner ses Sujets, pour avoir l'avantage de ruiner ceux des autres.

L'Idée seule de la guerre, de ses détails affreux, de ses conséquences durables, ne devroit-elle pas déchirer le cœur de tout Prince en qui la justice, l'humanité, la raison n'ont pas été complettement étouffées? La vaine gloire qui résulte de la destruction, est-elle faite pour flatter un être raisonable?

Le Souverain a droit de faire la guerre, non pour ses propres intérêts, mais uniquement pour ceux de sa Nation: il n'y a qu'un tyran qui puisse sacrifier son Peuple à ses propres fantaisies.

Ce n'est jamais qu'à regret qu'un bon Prince fait usage du glaive que ses Peuples lui ont remis. Si d'injustes aggresseurs menacent ses Etats, si d'avides voisins veulent ravir à ses Sujets, les avantages dont ils jouissent, c'est alors qu'il recourt à la force pour faire rentrer dans leur nature, des aveugles qui s'en veulent écarter. Mais il n'ignore pas que les lauriers de la victoire sont presque toujours également teints du sang de ses Sujets & de ses Ennemis. La guerre est une crise quelquefois nécessaire, mais qui affoiblit toujours le tempérament de l'Etat. *Je crains bien plus*, disoit Alphonse de Castille, *les larmes de mon peuple, que les armes de mes ennemis.*

§. XXVI. *Le Souverain est le garant de la conduite de ses ministres.*

Responsable à ses Sujets de la capacité & de la conduite de ceux à qui il confie sous lui les détails de l'administration, dans le choix de ses Ministres, le vrai Monarque ne consultera que le mérite, les talents, la vertu. La voix de la Nation les lui fera toujours connoître. Il se souviendra toujours que l'abus est presque inséparable du pouvoir. Vainement auroit-il pour ses Sujets, les sentiments qu'il leur doit : vainement s'occuperoit-il de leur bonheur ; le bien-être des Nations, la sûreté de l'Etat, l'attachement des Peuples pour leurs maîtres, dépendent de la conduite des hommes qu'ils rendent dépositaires d'une portion de leur autorité. Une juste défiance tiendra donc les yeux du Monarque ouverts sur la conduite de ses Ministres. Il livrera à la sévérité des Loix, à l'indignation, à la vengeance de ſes Peuples, ceux dont les excès les auront rendus malheureux. Le Souverain le plus juſte peut être ſéduit & trompé par des Conſeillers pervers, par des Miniſtres imprudents, par des Favoris incapables. Il doit écarter de ſa perſonne le reſ-ſentiment de ſes Sujets; leur haîne doit retomber ſur les têtes coupables de ceux qui les oppriment, ſouvent à l'inſu de leurs maîtres: le Souverain qui protege un Miniſtre criminel, ſe rend le com-plice de ſes crimes & ſe charge de ſes iniquités.

UNE diſtribution équitable des récompenſes & des peines met un Prince à portée de régner comme les Dieux. Dépoſitaire de ces deux grands reſſorts du Gouvernement, il s'en ſervira pour encourager la vertu, le mérite, les talents ou pour forcer l'intérêt particulier à concourir à l'intérêt général. Rien de plus propre à décou-rager les Citoyens vertueux, que de leur ravir les récompenſes qui leur ſont dues; la vertu diſ-paroît, dès que le vice eſt honoré. Perſonne ne travaille plus à ſe rendre utile, quand les bien-faits, les honneurs & les graces ne ſont le prix que de la naiſſance, de la fortune, de la faveur. Les faveurs accordées à l'incapacité, à la mé-diocrité ſont des vols faits au mérite; les récom-penſes données à celui qui ſert la Société, ſont des dettes que le Souverain acquite pour elle. Les graces légérement accordées, ſont des in-juſtices réelles.

§. XXVII.

§. XXVII. *La Souveraineté légitime protege la Liberté.*

Sous un Roi Citoyen, la Société sera libre; elle l'est toujours par-tout où les Loix sont respectées. Loin d'envier à ses Sujets les avantages que leur procure leur industrie, le Prince s'occupera sans cesse du soin de les augmenter. Loin de chercher à les asservir, il assûrera leur Liberté, ce bien si cher à l'homme, si nécessaire à son bonheur. Aussi éloignée d'une licence dangereuse, que d'un esclavage déshonorant, cette Liberté ne sera bornée que par la raison qui, commandant également au Monarque & aux Sujets, ne lie les mains des hommes, que pour les empêcher de se nuire, & leur permet de travailler sans obstacle à leur bonheur. La sagesse dégagée des entraves de la gêne, parlera librement aux Nations: un Monarque vertueux ne craint point les regards pénétrans de la raison; il sait que ses bienfaits seront bien mieux sentis par des hommes éclairés, que par des esclaves stupides; il sait que l'ignorance rend les hommes aveugles, pusillanimes & malheureux, il sait que les lumieres & la liberté leur éleveront le cœur & les rendront courageux & vertueux. Guidés par la reconnoissance, les Peuples chériront leurs loix, leurs institutions & le Monarque qui s'occupe de leur bien-être; les lumieres ne sont à craindre, que pour les imposteurs & les tyrans.

§ XXVIII. *Le Souverain doit être populaire.*

DANS un Etat bien gouverné, le vulgaire, ou le bas Peuple sera sur-tout l'objet des soins du Monarque. Détrompé de ces idées orgueil-leuses qui font du Souverain un Dieu, & qui ravalent le Sujet laborieux au-dessous de la condition humaine, il s'occupe sur-tout de cette partie de ses Sujets que le travail fait subsister; il excite les arts à rendre leurs travaux moins pénibles. L'agriculture encouragée & soulagée fleurit & porte l'abondance dans toutes les parties de l'Etat. Le commerce honoré de l'estime & de la faveur du Gouvernement, étend au loin ses rameaux; il procure à la Société les choses que la Nature lui refuse, & multiplie pour elle les agréments de la vie. Le soldat contenu par une discipline sévère & soumis aux Loix ne se croit point en droit d'opprimer ou de mépriser ses Concitoyens qui le soudoient; il est un Citoyen intéressé comme les autres au maintien d'une Société qu'il est fait pour défendre: il sera le défenseur de la Patrie, & non l'instrument de son esclavage. Rien n'égale la puissance d'un Monarque que la vertu guide & que la raison éclaire. Tout un Peuple animé du même esprit que son Roi, s'identifie avec lui; il oppose un rempart impénétrable aux entreprises, à l'avidité, à l'ambition de ceux qui tenteroient de troubler sa félicité.

TELLE est la conduite que la sagesse inspire à tout Monarque. Telles sont les bornes qu'elle met au Pouvoir Souverain; tel est le plan que la volonté publique trace à tous ceux qu'elle rend dépositaires de son autorité.

§. XXIX. *Il doit connoître le vœu de sa Nation.*

MAIS pour que le Souverain connoisse les vœux de son Peuple, qui doivent être sa regle; ses besoins, auxquels il doit satisfaire; ses maux, auxquels il doit remédier, il faut que la Nation soit représentée par quelque corps qui fasse connoître au Souverain, les justes demandes de ses Sujets, & qui, sans jouir de l'autorité suprême, en dirige les mouvements, en tempere les effets, & l'arrête même, lorsqu'elle devient nuisible. Un Roi ne peut pas tout voir par lui-même; en vain se flatteroit-il de trouver dans son génie, les ressources nécessaires à la conduite de l'Etat; le pouvoir écarte presque toujours la vérité timide. Des courtisans, des ministres, des favoris peuvent égarer leurs maîtres; la voix de leurs Peuples ne les trompera jamais.

IL n'est presque point de Monarchies dans le monde, où le Souverain connoisse ses vrais intérêts ou sente des motifs pour faire le bien. Toujours sûr d'être secondé dans ses projets par des armées, de les voir applaudis par des courtisans flatteurs, de les faire exécuter par des troupes mercénaires, le Prince se met au-dessus de l'opinion publique, & n'a nul égard pour sa Nation. Une éducation dépravée lui laisse communément ignorer qu'il est homme; l'inhabitude de souffrir le rend insensible à la misere publique; l'ignorance du mal qu'il fait l'empêche d'en rougir; l'assûrance de l'impunité aguerrit sa conscience contre la honte & le remors; le tumulte, la dissipation, les plaisirs lui dérobent le

cri public; il faut donc que la Nation se réserve
le droit de parler à ses Souverains que tout conspire à corrompre, à rendre aveugles, indolents
ou méchants.

Un Prince raisonnable pourroit-il s'indigner
des barrieres que la raison oppose à ses passions?
Ne doit-il pas plutôt s'applaudir de la nécessité
qu'elles lui imposent d'être juste, & de l'heureuse
impossibilité où elles le mettent de se nuire?
Que l'Usurpateur, le Despote & le Tyran insen-
sé frémissent à la vue d'un frein dont ils méconnoissent les avantages, un Monarque vertueux
limitera lui-même son pouvoir; quant au Monarque pervers, il a besoin que la force publique
éleve une digue puissante contre ses déréglements:
un Souverain incapable, communément gouverné
par des flatteurs, des favoris, des ames viles,
se croiroit-il plus deshonoré de se voir dirigé
par la voix d'une Nation entiere dont les intérêts sont communs avec les siens, que de se rendre l'instrument abject des passions & des intrigues de quelques esclaves intéressés à le sur-
prendre?

C'est à sa Nation bien plutôt qu'à un petit
nombre de courtisans corrompus, qu'un Souverain doit donner sa confiance. L'expérience de
tous les âges nous prouve que les Princes, ainsi
que tous les hommes, ne se laissent que trop
souvent séduire par des avantages futiles & passagers qui les aveuglent sur leurs plus grands intérêts; elle nous montre que la Puissance Suprême, loin d'être exempte des foiblesses humaines,
y est continuellement exposée. Un seul Prince

suffit souvent pour renverfer les Empires les mieux conftitués. Un feul de fes caprices, une feule de fes foibleffes, un feul mauvais confeil, peuvent plonger des Nations floriffantes dans l'abîme de la mifere. Le Souverain le plus ver- tueux eft fouvent remplacé par le monftre le plus dénaturé. Domitien fuccede à Titus, Commo- de à Marc-Aurele. Le Monarque le plus hu- main, trompé dans le choix de fes miniftres, livre quelquefois, fans le favoir, fes Peuples à l'oppreffion la plus cruelle, fe rend lui-même odieux, contribue à fa propre ruine.

Comment remédier à ces maux inévitables de la condition humaine? Comment tenir en tout tems, l'Autorité dans fes bornes légitimes? Comment la faire concourir invariablement au bien-être de la Société? Il faut que la Loi com- mande; il faut que cette Loi foit armée d'une force plus grande que celle de l'homme; il faut que la Puiffance Suprême foit contenue par des liens qui, attachés à la conftitution de l'Etat, ne puiffent être rompus fans l'ébranler & fans met- tre en danger ceux qui voudroient les anéantir. Il n'y a que le partage du pouvoir qui puiffe produire ces effets. Les Princes feront le bien, quand ils connoîtront leurs véritables intérêts; quand ils feront à portée d'entendre la vérité; cette vérité leur montrera les périls qui les me- nacent, dès qu'ils viennent à perdre l'affection des Peuples. Ils connoîtront les vœux, les be- foins & les maux de leur Nation, lorfqu'elle fera repréfentée; leurs Loix feront l'expreffion de la volonté publique, lorfque la Nation aura part à la légiflation.

§. XXX. *Des corps intermédiaires.*

CES vérités ont été senties par toutes les Nations Européennes. Si l'ignorance a soumis les Asiatiques énervés à des maîtres absolus, rarement les Peuples d'Europe ont-ils conféré à leurs Chefs un pouvoir illimité. Chez eux le Monarque fut presque toujours obligé de s'assûrer du vœu de sa Nation sur tous les objets qui pouvoient l'intéresser. Telle est l'origine des *Dietes*, des *Etats*, des *Parlements* dont les droits ne se sont affoiblis dans quelques contrées, que par l'indolence des Peuples, & par l'usurpation, la séduction & la trahison des Cours; titres futiles! que la volonté des Nations pourra toujours anéantir. Comment les Souverains connoîtroient-ils les besoins ou les plaintes de leurs Sujets, s'ils n'écoutent jamais que ceux qui sont intéressés à les étouffer, & si les Peuples ne sont représentés par des hommes légalement autorisés à parler pour eux? Une Nation qui n'est point représentée, est semblable à un homme privé de la parole; il ne lui reste que ses bras pour faire connoître ce qu'il demande.

EN choisissant des Représentants, les Peuples forment des conseils à leurs Souverains. Ces conseils, pour exprimer fidélement les volontés des Peuples, doivent être composés de Citoyens que leurs lumieres, leurs talents, leurs vertus, & sur-tout leurs intérêts personnels attachent à la Patrie, & mettent à portée de connoître ses forces, sa situation ses besoins. Des conseils ainsi composés ne sont-ils pas plus propres à guider un Monarque, que ne feroient des mini-

ſtres communément pervers, des favoris com-
plaiſants, des courtiſans faméliques, qui ne connoiſſent point de Patrie, ou qui ne trouvent leur
intérèt qu'à la fouler afin de partager ſes dépouilles? Nul homme n'eſt plus intéreſſé au bien de
l'Etat, que celui qui ſouffre de ſes maux & qui
jouit de ſes avantages; c'eſt la propriété, c'eſt
la poſſeſſion des terres, qui lie l'homme à ſon
pays & l'attache à ſes Concitoyens.

Les Peuples s'attachent naturellement à tous
les Corps qui peuvent être une barriere entre eux
& l'Autorité Souveraine; la Nobleſſe, le Sacerdoce, la Magiſtrature ont été ſucceſſivement les
organes, les défenſeurs des Nations. Il eſt vrai
que ſouvent les Peuples furent trompés; le rempart dont ils eſperoient ſe couvrir, les écraſa de
ſon propre poids, ou les livra lâchement au pouvoir qu'ils redoutoient. Tout Corps qui a droit de
parler au Monarque, qui peut mettre obſtacle à
ſes projets, qui peut amortir ſes coups, eſt ſûr
de s'attirer la confiance des Sujets; ceux-ci trop
communément ne connoiſſent le Pouvoir Suprême, que par les maux qu'il leur fait. Cette dis-
poſition peut ſervir à nous expliquer pourquoi,
de l'aveu tacite d'une Nation, il ſe forme quelquefois dans ſon ſein des Repréſentants, des
Protecteurs, des Organes, qu'elle n'a point expreſſément choiſis. A moins que le torrent du
Deſpotiſme ne parvienne à tout renverſer, il s'é-
leve, pour ainſi dire, de ſoi-même, des digues
à l'Autorité.

§. XXXI. *Le Souverain ne peut refuser d'écouter sa Nation.*

Sı toute autorité ne doit avoir pour objet que le bien-être de ceux sur qui elle est exercée, nul Souverain sur la terre n'a le droit d'imposer silence à son Peuple. Cette maxime peu conforme aux idées chimériques que la bassesse & l'esclavage s'efforcent d'accréditer, n'en est pas moins fondée sur la Nature & l'équité. L'esclave accoutumé dès l'enfance à regarder un Monarque comme un Dieu, ne peut concevoir que de foibles mortels puissent examiner ses droits ou discuter ses ordres. Des superstitions qui dépeignent l'Etre Suprême comme un Tyran à qui tout est permis, persuadent aux Nations qu'elles doivent sans murmurer se soumettre aux caprices des Princes, chargés de représenter la Divinité. Les Souverains que la flatterie empoisonne dès l'âge le plus tendre, se croient des êtres privilégiés, séparés, pour ainsi dire, de toute l'espece humaine, dont les volontés sont faites pour ne jamais trouver d'obstacles de la part des vils mortels. Des Ministres ambitieux & des Courtisans avides ne voient qu'avec frayeur, les bornes que les Loix justes mettroient à une puissance dont ils partagent les abus. Tels sont les ennemis des droits des Nations: telles sont les vraies causes de l'aveuglement des Peuples, dans les cœurs desquels tout conspire à étouffer le cri de la Nature & l'amour de la Liberté.

§. XXXII. *Prétentions orgueilleuses de quelques Souverains.*

L'AUTORITÉ Suprême, continuée pendant une longue fuite de fiecles dans une meme race, dût encore contribuer à fortifier la vénération des Peuples pour leurs Souverains. Comment ne point regarder comme d'un ordre fupérieur, des êtres à qui la naiffance feule donnoit le droit de commander au refte des hommes? Les Rois, à leur tour, ne dûrent-ils pas méconnoître les droits de ces Peuples qu'ils tranfmirent à leur poftérité, comme un bien de famille, comme un immeuble, comme un vil troupeau?

LES Sociétés, en choififfant des Monarques, leur accorderent, comme on a vu, un pouvoir plus ou moins étendu; par là les Souverains ac-quirent des droits & des prérogatives qu'ils vou-lurent faire regarder comme inaliénables, im-prefcriptibles, effentiels à la Souveraineté. En accordant ces droits, les Nations ne confulterent communément que leurs circonftances actuelles, & porterent rarement les yeux fur l'avenir. Mais les Rois fe prévalurent toujours des conceffions une fois faites, foit à eux-memes, foit à leurs prédéceffeurs; des ufages fouvent infenfés, des exemples antérieurs, des droits une fois exercés devinrent pour eux des titres inconteftables; ils prétendirent avoir acquis des facultés qui ne pou-voient plus être révoquées par ceux-mêmes qui les avoient conférées. L'habitude, l'opinion, & fur-tout un refpect aveugle pour l'antiquité fi-

I 5

rent illusion aux Nations; elles crurent qu'il ne leur étoit plus permis de rectifier des abus, par-ce qu'ils avoient très long-tems subsisté. Ainsi les Princes persuaderent que leurs droits ne dé-pendoient plus de ceux qui les avoient donnés, & que, sous aucun prétexte, on ne pouvoit les en priver, lors même que les circonstances en rendoient l'exercice pernicieux, ou l'abus insup-portable. Si l'on consulte la raison, elle nous apprendra qu'il n'est point de droits qui doivent subsister contre l'utilité des Nations.

§. XXXIII. *Distinction du Souverain & de la Souveraineté.*

Rien n'ouvrit sur-tout un champ plus vaste aux prétentions des Rois, que le préjugé qui confondit sans cesse le *Souverain* avec la *Souve-raineté*, le Roi avec la Nation. On sentit qu'un Pouvoir absolu résidoit nécessairement dans toute Société; on en conclut que les Sociétés gouver-nées avoient déposé sans réserve entre les mains de leurs chefs, tous les droits, tout le pouvoir qu'elles avoient, toute l'autorité dont elles jouis-soient elles-mêmes. Ainsi le Roi & la Nation fu-rent pris pour des synonimes; l'organe & la vo-lonté furent indistinctement confondus; les ac-tions, les démarches, les imprudences même du Souverain furent regardées comme celles de la Nation; les biens de l'une furent regardés com-me appartenants à l'autre; & peu-à-peu les Peu-ples & leurs possessions devinrent le patrimoine de leurs Monarques; ils en disposerent à leur gré;

ils fe difpenferent de les confulter fur les chofes qui étoient le plus en droit de les intéreffer. L'attention la plus légere fuffit pourtant pour détruire une erreur dont les conféquences furent de tous tems très funeftes aux Nations. C'eft pour conferver fa perfonne & fes biens, que chaque Citoyen fe met fous la fauve-garde de la Société; c'eft pour affûrer fon bonheur que la Nation fe choifit des protecteurs; ceux-ci font des gardiens & non des propriétaires des biens de la Nation; ils font des interprêtes infideles, & non des légiflateurs, quand ils font des Loix injuftes, contraires au vœu public, défavouées par les Peuples. Un Defpote, un Tyran peut-il être l'interprête des volontés générales? Non, fans doute; il n'eft que l'interprête de fes propres paffions, de fes propres caprices; il n'eft l'organe que de fes miniftres. Un Monarque, pour être identifié avec fa Nation, doit vouloir ce qu'elle veut & ce que fes Loix ordonnent: c'eft alors qu'il dira comme un Roi de la Chine: *La faim de mon Peuple eft ma faim: le péché de mon Peuple eft mon propre péché.*

§. XXXIV. *Prérogatives Royales.*

DANS prefque toutes les Sociétés, les Chefs furent les feuls diftributeurs des récompenfes, des graces, des titres, des honneurs, des richeffes; en un mot, ils difpoferent de toutes les chofes qui font l'objet des defirs de tous les hommes. Il n'eft pas furprenant qu'avec des motifs auffi puiffants, ils aient fi facilement réuffi à divifer & fubjuguer leurs Sujets dont les yeux fe

tournerent uniquement vers des êtres qu'ils regar-
derent comme les vraies fources du bonheur. Il
fut donc aifé aux Princes mal-intentionnés de faire entrer dans leurs complôts, une foule d'hommes féduits, aveuglés par des intérêts perfonnels.
Une Nation fans pouvoir n'aura jamais que peu
d'amis, elle n'a rien à donner. C'eft pourtant
de la Nation que découlent le pouvoir & les richeffes que le Souverain lui-même poffede. C'eft
de la Nation que partent les bienfaits, les honneurs, les récompenfes & les graces que, pour le
bien de l'état, le Souverain doit répandre fur ceux
qui le fervent. Mais par un abus vifible, on
confondit toujours le diftributeur des graces avec
la Nation qui en eft la fource véritable. Par là
le Prince fut l'objet unique fur lequel tous les
yeux fe fixerent. Pour que la Nation confervât
tous fes droits, & pour que ceux qui la fervent
reconnuffent fes bienfaits, il feroit important
qu'elle fe réfervât la faculté de récompenfer ou
de payer les fervices qu'on lui rend: elle retrace-
roit par là à tous les Citoyens que c'eft la Patrie,
& non fon Chef, que le Citoyen doit fervir.

§. XXXV. De l'Etiquette.

Pour refpecter l'autorité, les Peuples ont befoin qu'elle leur foit repréfentée d'une façon fenfible. La pourpre, les cérémonies, les faifceaux
dans les Républiques; une pompe plus grande
encore dans la Monarchie, éblouirent les yeux
& en impoferent au vulgaire. Afin de rendre
leur pouvoir plus révéré, les Defpotes ne fe
montrerent communément à leurs Sujets qu'en-

vironnés d'un éclat propre à les étonner. Ainfi qu'aux Dieux, on rendit des honneurs divins à leurs images fur la terre: ceux qui de loin en furent les fpectateurs, fe perfuaderent aifément que ces êtres fi refplendiffants devoient être au deffus de la condition humaine. Telle eft l'origine du *Cérémonial* de *l'Etiquette* & de ces titres faftueux par lefquels les Monarques en impoferent aux Nations toujours éprifes du merveilleux; ces chofes devinrent fouvent l'objet unique de l'attention des Cours. Moins les yeux font familiarifés avec les objets, plus ces objets font travailler l'imagination. Nul Monarque n'eft un Dieu pour celui qui le voit tous les jours. Ce qui eft impénétrable & caché, eft toujours respecté. Les Rois profiterent de ces difpofitions pour fe rendre plus redoutables; ils ne fe montrerent que rarement; & femblables aux Dieux qu'on ne voit point, du fond d'un Palais impénétrable, ils dicterent leurs volontés à des Courtifans qui, devenus des efpeces de Prêtres, les firent paffer au vulgaire. Les Princes les plus méchants, ou qui eurent le moins de grandeur véritable, furent communément les plus attachés à leur fafte, à leurs titres, & à cette vanité puérile qui n'en impofe qu'à des enfans. Dans la plupart des Monarchies, le vain fafte des Cours, ou ce qu'on nomme la fplendeur du trône, devient la ruine des Peuples. Régner, dans bien des Etats, c'eft repréfenter dans un drame communément fort tragique pour la Nation.

LE cérémonial & l'étiquette font des barrieres que la flatterie a placées au-tour des Rois, afin d'écarter les Peuples de leurs Chefs, & pour empêcher qu'on ne voie qu'ils font des hommes, fouvent très méprifables ou très dignes de haine. La baffeffe & le préjugé femblent s'être efforcés de tout tems d'élever les Monarques au-deffus de la condition humaine. Homere donne fans ceffe aux Rois le titre de *Nés des Dieux*; la fable les fuppofa inftruits par des Divinités. Quoi de plus propre à nourrir l'orgueil des Chefs des Nations, que ces rêveries aftrologiques qui leur perfuadoient que le Ciel étoit perpétuellement occupé de leur fort, que les aftres annonçoient leur naiffance & leur fortune, que les éclypfes préfageoient leurs fuccès ou leurs défaites, que les cometes étoient les avant-coureurs de leur mort? La Nature entiere fembla toujours s'intéreffer uniquement aux deftinées de quelques mortels que le hazard avoit placés à la tête des Nations.

Telles font les différentes fources des idées gigantefques, furnaturelles, divines que les Peuples fe formerent de leurs Souverains. Ceffons donc d'être furpris, fi prefque fans intervalle ils furent foumis à des hommes qui fe crurent difpenfés de montrer des vertus. L'indolence, l'incapacité, l'ignorance, que dis-je? la méchanceté, même la ftupidité, la frénéfie ne priverent point les Rois du droit de régler le fort des Nations: régner ne fut autre chofe, que jouir dans l'inaction, la molleffe & les plaifirs, du travail d'une Société nombreufe: gouverner ne fut que l'emploi du pouvoir pour la forcer de plier fous fes caprices: la Politique ne fut plus que l'art de la diviſer, de l'affoiblir, de la corrompre même pour la tyranniſer. Les Souverains ne ſongerent nullement à s'inſtruire; le bonheur des Peuples fut abandonné au hazard; les Nations les plus mal gouvernées craignirent de ſe rendre coupables d'un ſacrilege en ôtant le Pouvoir Suprême à des mains incapables de l'exercer ou qui en faiſoient contre elles l'abus le plus honteux.

§. XXXVI. *Vraie grandeur des Rois.*

LORSQUE exempts de préjugés nous oſerons contempler la Nature de l'Autorité Souveraine, nous verrons que les Rois ſont les plus reſpectables des hommes, lorſqu'ils font le bonheur des Nations; mais dont l'éclat, la grandeur & les droits diſparoiſſent, dès qu'ils violent ou négligent les devoirs que le rang leur impoſe. Les Peuples toujours plus forts qu'eux, dès qu'ils réuniront leurs forces, n'ont jamais pu renoncer au droit de les ramener à la raiſon, de les obliger d'être juſtes, de leur indiquer les routes qu'ils doivent tenir pour les conduire à la félicité, en un mot, de les faire deſcendre du trône où ils ne leur ont dit de monter, que pour veiller à la ſûreté générale.

D'UN autre côté la raiſon doit faire ſentir aux Monarques que, pour être chéris & reſpectés de leurs Sujets, ils doivent leur montrer par la ſupériorité de leurs talents, de leurs lumieres, de leurs vertus qu'ils ont ce qu'il faut pour commander: cette raiſon les détrompera de ces idées

infolentes & barbares qui leur repréfentent les
Peuples comme des amas d'infectes qu'il leur eft
permis d'écrafer : elle les défabufera de ces prétentions arrogantes qui fubftituent leurs volontés
capricieufes aux Loix : elle leur montrera que
l'utilité eft la mefure de l'attachement de leurs
Sujets, & que la fageffe & l'équité peuvent feuls
les mettre en droit de prétendre à leur eftime &
à leur amour. Enfin cette raifon leur apprendra
qu'un Monarque inutile, malfaifant & tout puiffant eft néceffairement le membre le plus méprif-
fable, ou le plus odieux à la Société.

L'HOMME le plus criminel feroit fans doute
celui qui rendroit toute fon efpece malheureufe.
Les crimes les plus déteftables font ceux dont réfulte l'infortune d'un plus grand nombre d'individus. Que conclure de là, finon qu'un Tyran eft
l'être le plus odieux que puiffe enfanter le crime?
Admirateur aveugle de la grandeur! mefure d'a-
près ces regles l'eftime que tu dois fouvent aux
maîtres de la terre. Examine en détail les mife-
res qu'ils font fi fréquemment éprouver à des
millions de victimes de leurs coupables folies:
calcule le nombre des familles défolées dans lefquelles leur négligence, leur tyrannie, leurs victoires, leurs conquêtes portent fans ceffe le deuil,
l'indigence, le défefpoir; admire les enfuite fi
tu l'ofes!

§. XXXVII.

§. XXXVII. *Sont soumis aux mêmes devoirs que les autres hommes.*

C'EST fur le befoin que les hommes ont les uns des autres, que leurs devoirs font fondés; l'heureufe dépendance où nous vivons de nos femblables, eft la vraie bafe de toute morale. Tout homme qui s'imagine n'avoir befoin de perfonne, croira bientôt ne rien devoir à perfonne; celui qui, dépourvu de crainte lui-même, eft en état de faire trembler les autres, s'embarraffera fort peu de mériter leur eftime ou leur amour; il ne fe donnera point de peine pour plaire à des êtres qu'il méprife & qu'il peut accabler. Tout pouvoir démefuré corrompt néceffairement & l'efprit & le cœur, il rend celui qui l'exerce orgueilleux, inhumain, infociable.

SI vous multipliez les forces d'un homme, au point qu'il n'ait plus rien à efpérer ou à craindre en ce monde des êtres qui l'entourent, il fe croira bientôt un être d'une ordre différent; il n'aura befoin de perfonne pour contenter fes defirs; il n'aura point d'intérêt à modérer fes paffions; en un mot, il deviendra méchant, & il n'aura nuls motifs pour travailler au bonheur de ceux qui lui feront totalement indifférents. Par l'aviliffement des Nations & l'oubli des droits de la Société, les Souverains font devenus des hommes gigantefques, dont les forces fe font tellement multipliées, que l'on a ceffé de les regarder comme faifant partie de l'efpece humaine; dès lors ils fe font tout permis pour fatisfaire leurs volontés; bien plus, on les a cru difpenfés de tous devoirs, leurs caprices n'ont plus rencontré d'obstacles ; c'est ainsi que les Princes furent si souvent dépourvus de moralité & de vertus.

§. XXXVIII. *Des Vertus du Souverain.*

BIEN des auteurs ont écrit sur les vertus qu'ils demandent aux Rois : séduits par un enthousiasme plus louable qu'éclairé, ils ont exigé d'eux des talents si sublimes, des qualités si rares, des connoissances si vastes, qu'il est presqu'impossible qu'un mortel les rassemble. Ils ont voulu que les Rois fussent des Dieux, exempts des foiblesses de notre nature, & ils furent des hommes souvent plus remplis de miseres, que tous les autres. Ne voyons que des hommes dans nos Princes, ne leur demandons que des vertus humaines. Il n'est point, je l'avoue, de proportion entre les vertus & les vices de ceux qui gouvernent, & ceux des Citoyens qui font gouvernés ; les mauvaises dispositions des premiers font des millions d'infortunés ; leurs vertus répandent au loin la félicité. Les vertus du Citoyen n'influent communément que sur la sphere bornée qui l'environne ; les vertus du Souverain se multiplient, pour ainsi dire, en raison du nombre de ses Sujets. Mais quelles seront ces vertus ? Si les Princes avoient de la droiture, de la fermeté & sur-tout de l'équité, ils auroient toutes les qualités que nous avons droit d'en attendre. La bonté seule, sans la justice, ne peut être dans un Souverain une qualité utile relativement à ses Sujets ; très souvent elle devient une cruauté pour eux. Un Prince à qui la bonté de fon cœur ôte la force de réfifter à ceux qui l'entourent, peut être auffi dangereux qu'un Tyran.

Si nous examinons fans préjugé la plupart de ces Princes dont on nous vante les qualités, nous verrons qu'il en eft fort peu dont la bonté ait été vraiment avantageufe à leurs Etats. Nous trouverons que de vils Courtifans ont fouvent abufé de leur fenfibilité, pour leur faire commettre les injuftices les plus criantes; nous trouverons que l'importunité leur arrache des graces pour des Sujets indignes; nous trouverons que les Peuples font facrifiés à l'avarice de quelques Grands affamés. Appellerons-nous un bon Roi, celui qui ne fait rien refufer à des hommes qui le follicitent pour obtenir des places dont ils font incapables, des récompenfes qu'ils n'ont jamais méritées, la grace pour d'indignes Citoyens qui ont outragé la Société? La clémence eft-elle donc une vertu, lorfqu'elle fufpend les effets de la juftice pour ceux qui ont violé les Loix, dépouillé la Nation, trahi tous leurs devoirs? N'eftce point un Souverain inique, que celui qui prive le mérite des récompenfes qui lui font dues pour les accorder aux inftances de quelques Favoris qu'il craindra d'affliger? Les qualités les plus aimables dans la Société particuliere, deviennent fouvent des vices dans celui qui gouverne des Peuples. Un Souverain fait pour tenir la balance entre tous fes Sujets, doit être en garde contre fa propre fenfibilité, fa facilité, fa tendreffe, fon affection pour fes amis ou fa famille. Dès que l'équité fe fait entendre, un Prince ne

doit plus avoir ni parents, ni courtisans, ni favoris. Un bon Roi est celui dont tout son
Peuple éprouve la bonté; celui qui n'est bon que
pour ceux qui l'approchent, est communément
très méchant pour ceux qui font loin de sa personne.

JUSTICE ET FERMETÉ: Telle devroit être
la devise des Rois; lorsque nous trouvons ces
qualités, n'exigeons rien de plus. Ne préten-
dons point qu'ils soient exempts des passions &
des foiblesses de leur Nature; n'en attendons
point des perfections chimériques interdites à
notre espece. Ne soyons point surpris lorsqu'ils
tomberont dans des fautes inévitables pour l'homme. Quand les Peuples auront le droit de porter la vérité au trône, de se plaindre de leurs
maux, d'en indiquer les remedes, ils ne seront
pas long-tems malheureux. Sous un Souverain
équitable, la Société ne parle jamais en vain;
juste envers tous ses Sujets, il fait cesser leurs
plaintes. Dès qu'on les lui fait connoître, il se
conforme à leurs demandes; leurs desirs ne pourront être injustes ou déraisonnables, dès qu'ils
exprimeront le vœu de la Nature appuyé de la
volonté générale. Un vrai Roi est un Pere qui
ne ravit point à ses enfans les avantages dont la
possession fait leur félicité; il les protege contre
l'oppression; il laisse aux Loix toute leur vigueur,
& jamais il ne les force de plier sous ses caprices: juste envers les autres Sociétés, il ne songe
point à les troubler: content de maintenir ses
Peuples dans une existence heureuse, il ne va
point par des conquêtes étendre les bornes d'un

Empire toujours affez floriffant, heureux & respecté, quand il eft fagement gouverné.

Cessons donc de donner le titre de Grand à ces Monarques incommodes & turbulents qui défolent la terre; n'admirons plus les exploits de ces conquérants qui, indignés des limites que la Nature ou les conventions des hommes ont mifes à leurs Etats, vont, dans des guerres inutiles, prodiguer le fang de leurs Sujets. Ne donnons point le nom de gloire, au bruit que leurs actions inhumaines excitent parmi les Nations. Regardons comme de vrais monftres ces Héros odieux qui, incapables de s'occuper du foin pénible de rendre leurs Etats heureux, courent à la renommée par le malheur des Peuples, & triomphent infolemment aux yeux du genre humain qu'ils outragent. Préférons un Roi pacifique, à ces brigands farouches dont les actions fi vantées couvrent le monde de deuil, de larmes & de mifere. La Nature favorife les Peuples, dès qu'elle ne donne à leurs maîtres que des ames tranquilles.

Quand l'amour de la juftice anime un Prince, il lui donne la force de réfifter aux pieges & aux importunités des Courtifans qui l'entourent; fon exemple en impofe à tous ceux qui fous lui concourent à l'adminiftration: les cabales & les intrigues difparoiffent bientôt d'une cour dont le Maître connoît les droits de l'équité; elles ne font faites que pour les cours de ces Princes incapables de régner qui ne font que les efclaves & les jouets de leurs Eunuques, de leurs Maîtreffes de leurs Favoris.

K 3

EXIGER d'un Monarque d'être jufte, c'eft demander uniquement qu'il foit honnête homme. S'il fe trouvoit un Prince à qui cette Loi parût trop dure, il feroit, felon les apparences, très difficile de le rappeller à la raifon. Mais, dira-t-on, le Souverain eft entouré d'hommes intéreffés à le tromper, & qui, malgré fa vigilance, feront le mal à fon infçu. Un Prince en qui fes Miniftres connoiffent de l'équité, de la fermeté, feroit difficile à tromper, au moins pendant long-tems. Si la difgrace du maître fuivoit fidélement toute injuftice connue, bientôt la corruption fecrete feroit bannie de la Cour. Quand d'un ton bien décidé le Monarque a dit à haute voix: *Je veux que l'équité regne feule dans mes Etats*, on verra bientôt difparoître, & la violence, & la fraude

SI tout Citoyen vertueux eft un objet refpectable, combien doit-on chérir & refpecter celui dont les vertus fe font fentir à tout un Peuple? Les hommes ont un amour naturel pour leurs Souverains: leur attachement, il eft vrai, n'eft très fouvent fondé que fur une admiration peu raifonnée de la majefté, de la pompe, de la fplendeur qui environnent le trône; il n'y a jamais que l'oppreffion exceffive qui détruife dans les Sujets, l'affection qu'ils ont pour leurs Maîtres: l'habitude, l'opinion, le refpect attachent les Nations à ceux qui les gouvernent; l'extrême abus du pouvoir peut feul les rendre odieux. Que les Princes rentrent donc en eux-mêmes, & ils verront que c'eft toujours par leur faute qu'ils perdent les cœurs de leurs Sujets; ceux-ci font naturellement portés à s'exagérer leurs vertus;

à se dissimuler leurs vices & leurs foiblesses; à rejetter leurs fautes sur les méchants qui les conseillent.

§. XXXIX. *De l'Education des Princes.*

TOUT le monde convient que l'art de régner est de tous les arts le plus difficile, & néanmoins par une étrange fatalité, il est le seul dans lequel ceux qui doivent l'exercer négligent de s'instruire. La science de laquelle dépend le bonheur des Nations, par un privilege inconcevable, s'acquereroit-elle sans travail? Dans les pays où la naissance seule conduit au trône, la nonchalance des Peuples fait qu'ils n'exigent de ceux qui les gouvernent d'autres qualités que d'être venus au monde.

QUELLE éducation donne-t-on pour l'ordinaire à ces hommes destinés à régler le sort des Empires? Leur enfance confiée à des Courtisans corrompus n'est entretenue que de la grandeur qui les attend, de l'éclat qui les environne, des prérogatives vaines de la Souveraineté. Si on leur enseigne quelques vertus, ce ne sont que ces vertus homicides qui les accoutument, dès l'âge le plus tendre, à mépriser la vie de leurs Sujets: on jette dans leurs jeunes ames, les germes d'une ambition fatale qui troublera par la suite le repos de leurs Etats & la tranquillité de leurs voisins: la flatterie leur persuade que les Peuples ne sont faits que pour servir de jouets à leur vanité. Une complaisance criminelle se prête à tous leurs vices. Ces Divinités de la terre nageant dans les

délices, enyvrées d'orgueil & de volupté, ignorent s'il eft des malheureux. Leur cœur ne s'ac-
coutume point à s'attendrir fur le fort de l'indigence laborieufe; des égards inhumains leur dérobent le fpectacle de la mifere; le cri de l'infortune, intercepté par des adulateurs, ne frappe
jamais les oreilles de ceux qu'il devroit affliger &
confterner.

. Les Sages jouiffoient autrefois de la familiarité
des Rois qui fe plaifoient dans leur entretien, &
qui les appelloient à leurs confeils. La fcience
eft aujourd'hui exclue de la faveur des Princes;
les places, les honneurs font réfervés pour la
naiffance, le rang des aïeux décide du rang de
leur poftérité, qui poffede le droit exclufif d'ap-
procher du Monarque & de fe montrer à la cour.
Ainfi les Souverains font communément entou-
rés d'hommes à qui le hazard de la naiffance tient
lieu de talents & de lumieres, & qui dépourvus
de lumières & de vertus, font incapables de les
éclairer, ou peu difpofés à leur montrer la vérité. Soit par ignorance, foit par intérét, ils
précipitent leur Maître dans des démarches imprudentes, auffi funeftes pour lui-même, que
pour l'Etat qu'il gouverne. Les Princes ne voient
que des Grands ou des Miniftres intéreffés à les
tromper: ainfi les Princes ne peuvent pour l'ordinaire prendre confeil, que de ceux de leurs Sujets qui font les moins inftruits & les plus difpofés à leur en donner des mauvais.

Plus un Monarque eft abfolu, moins il eft à
portée de connoître la vérité; plus il eft puiffant,
moins on aura le courage de la lui dire, & moins

il aura la force de l'entendre. Dès qu'un homme est à craindre, on ne cherche plus qu'à le flatter, l'adoucir, le tromper. Un Despote est un lion en liberté; on le caresse, parce qu'on le craint; le caprice appuyé de la force ne peut qu'intimider. Quelques soient les malheurs d'un Etat, on persuade au Tyran que sous son regne les Peuples sont toujours trop heureux. Si l'on ne peut lui faire illusion à ce point, on lui dit qu'un Peuple séditieux ne mérite point qu'on l'écoute, & que la prudence exige qu'on redouble ses fers. Les Courtisans & les Ministres sont toujours intéressés à l'ignorance du Monarque : le moindre rayon de lumiere ne peut pénétrer jusqu'à lui.

VAINEMENT le fils d'un Despote voudroit-il s'éclairer; la tyrannie ombrageuse & jalouse redoute son propre sang: un successeur livré à de vains amusemens est écarté des conseils de son pere; il se rendroit suspect, s'il cherchoit à s'instruire. Ainsi sans vertus, sans humanité, sans expérience, un Prince prend dans ses mains trop foibles les rênes du Gouvernement; son incapacité le met à la discrétion des hommes perfides qui ont aveuglé sa jeunesse. La vie, les biens des Sujets deviennent la proie de l'ambition de quelques Favoris. Le Monarque, éclipsé par ses Ministres, devient une vaine idole qui n'a d'autre fonction que de récompenser les trahisons, les injustices & les vices des mauvais conseillers, des flatteurs des intriguants qui l'entourent. Sous des Rois foibles, la Monarchie dégénere toujours en une *oligarchie* dangereuse. L'Autorité Suprême se partage entre quelques ministres dont les intérêts ne font ni ceux du Monarque, ni ceux de la Nation. Le Pouvoir Souverain fert à écrafer les Peuples; & les Rois privés de puiffance réelle font, ainfi que leurs Etats, les jouets de ceux qui les gouvernent. Un Roi foible n'eft que le premier efclave de fon royaume; fa Nation eft la victime des vices de tous ceux qui prennent de l'afcendant fur lui. A fon infçu, les maux des Peuples fe perpétuent de race en race; & il laiffe à un fucceffeur, inhabile comme lui, des Provinces dépeuplées, des Finances délabrées & des Sujets malheureux.

§. XL. *Ses effets fur le bonheur des Sujets.*

TELS font les fruits de l'éducation que l'on donne communément aux hommes deftinés par la naiffance à commander aux Nations. Ce feroit exiger de ceux qui font deftinés au trône, des qualités vraiment *furnaturelles*, que de vouloir qu'ils réfiftaffent aux impreffions dangereufes que des hommes corrompus leur donnent, dès leurs premiers ans: il ne feroit pas plus raifonnable d'exiger qu'ils éprouvaffent dans l'âge mûr des fentimens de juftice, de compaffion, d'humanité auxquels leurs cœurs ne furent jamais exercés. Ne foyons donc pas furpris de voir fi peu de Monarques fufceptibles des qualités les plus communes dans la vie Sociale: lorfque par hazard les Peuples rencontrent dans leurs maîtres des ames acceffibles à la pitié, ils ont lieu de s'en applaudir comme d'un prodige & d'un bonheur inefpéré. L'hiftoire des Nations ne nous offre que l'uniformité révoltante des excès de leurs

Monarques célebres qui, baignés dans le fang, marchent à une gloire odieufe fur les cadavres de leurs Sujets. Elle ne nous montre que des campagnes ravagées, des Provinces converties en déferts, des villes renverfées, des monceaux de cendres & de ruines, feuls monuments que nous laiffent ces guerriers infenfés qui ont régné fur les hommes. Si des paffions moins fougueufes afferviffent ces maîtres du monde, leurs Peuples en font-ils plus heureux? Alors uniquement livrés à des amufements frivoles, à des débauches honteufes, à une molleffe efféminée, ils coulent dans l'oifiveté des jours inutiles, tandis que leurs Etats font la proie de l'avidité, des intrigues de l'imprudence, & des fureurs de leurs indignes Favoris.

En parcourant les annales du monde, fi nous rencontrons quelques Princes vertueux, ils reffemblent à ces météores qui n'éclairent pendant quelques inftants le voyageur égaré, que pour le replonger enfuite dans une nuit plus terrible. Prefque toutes les contrées de la terre gémiffent depuis tant de fiecles fous l'oppreffion la plus cruelle; le pouvoir injufte d'un feul eft établi prefqu'en tous lieux fur les ruines de la félicité publique. Les Souverains méconnoiffent les droits des hommes, les violent & les outragent. Les Peuples font conduits à la boucherie, & périffent pour rendre fameux un Monarque turbulent; leurs tréfors font répandus fur des Courtifans faméliques; les Nations fubjuguées par la force & le préjugé ofent à peine demander à leurs Souverains le bonheur que la Nature les met en droit d'en exiger.

EN un mot, nous voyons presque dans tous les tems & dans toutes les parties de la terre, les hommes malheureux de pere en fils, écrasés sous les passions, l'ignorance & la stupidité de ceux qui devroient s'occuper de leur bonheur. Nous voyons par-tout les Nations soumises à des Princes ou trop forts pour être justes, ou trop ignorants pour connoître leurs devoirs, ou trop indolents pour travailler au bien-être de leurs Sujets. Leur esprit est communément sans lumieres ; leur cœur est dépourvu de sensibilité, & leur corps est énervé par la molesse & la débauche. Les fastes des Empires nous présentent tantôt des guerriers féroces, tantôt une longue suite de Monarques fainéans, vicieux, dissipés, qui n'ont été que des ennemis publics autorisés par la lâcheté des Peuples, ou qui, incapables de gouverner par eux-mêmes, ont abandonné leurs Etats à des Ministres imprudents, ignorants & méchants. Ainsi le sort des Empires fut toujours réglé par ceux des Citoyens qui eurent le plus de vices & le moins de talents ; toute ame honnête est indignée à la vue des hommes par qui les Nations & les Princes sont très souvent gouvernés.

LORSQU'UNE Nation consent à transmettre au sang de ses Monarques, le droit de la gouverner, le bon sens voudroit au moins qu'elle prît des mesures pour qu'une éducation vertueuse formât les jeunes ans de ceux qui doivent un jour devenir ses arbitres. Les hommes chargés d'instruire les Princes ne devroient-ils pas être responsables de la conduite, des sentimens & des

lumieres de leurs éleves? La vengeance publique
ne devroit-elle pas pourſuivre ceux qui les ont
égarés ou qui leur ont laiſſé ignorer tous leurs
devoirs? Enfin les Peuples ne devroient-ils pas
rejetter ces indignes éleves formés au vice, à
l'inhumanité & à la tyrannie? Ceux que le ſort
deſtine à façonner les ames des Princes, auroient-
ils donc tant de peine à leur apprendre qu'ils ſont
des hommes; qu'ils ſont faits pour gouverner
des hommes; que dépoſitaires du Pouvoir des
Nations, il ne leur eſt point permis de les rendre malheureuſes? Que toute autorité légitime
ne peut être fondée que ſur la faculté de rendre
heureux ceux qui conſentent à lui obéir; que le
Souverain injuſte invite au crime chacun de ceux
qu'il opprime; qu'un Tyran n'a que des ennemis & n'eſt pas fait pour avoir ni des Sujets fideles, ni pour commander à de bons Citoyens?

SOMMAIRE DU QUATRIEME DISCOURS.

D E S
S U J E T S.

§. I. *Des Citoyens, des Sujets & des Esclaves.*

APRÈS avoir montré les limites naturelles de
l'Autorité des Souverains, examinons maintenant les droits des Sujets ou des Peuples. Vainement les Loix parleront-elles, si elles ne sont
écoutées. L'obéissance est donc un devoir pour
tous les Sujets d'un Etat; elle est un sacrifice
nécessaire que chaque membre fait de sa volonté
particuliere, souvent injuste & déraisonnable, à
la volonté de tous, plus éclairée que la sienne.
Cette déférence n'est point gratuite; l'obéissance
est naturellement proportionnée au bien-être,
à la protection & aux secours que le Sujet éprouve de l'Autorité qui le gouverne. Ce sacrifice
est compensé par un avantage plus grand; il devient nécessaire par la crainte des maux auxquels
il s'exposeroit s'il vouloit s'en soustraire, ou s'il
refusoit de se conformer à ses volontés. Dès
qu'une Nation a établi, au milieu d'elle, une Au-

torité chargée de faire entendre ses volontés,
cette Autorité doit contraindre indistinctement
tous ses membres. La Loi doit être uniforme,
& commander également à tous; étant l'expression du vœu public, n'ayant pour but que le bien
général, destinée à mettre un frein aux passions
des hommes, enfin faite pour remédier aux inconvénients résultants de l'inégalité que les forces, les talents & les richesses pourroient mettre
entre eux, aucun de ces objets ne seroit rempli,
si elle ne parloit à tous avec la même force.

La Loi commande à des Sujets; le Despotisme commande à des Esclaves; la Tyrannie
commande à des Ennemis. Il n'est de vrais Sujets que pour des Souverains légitimes; & il
n'est des Souverains légitimes, que lorsqu'ils gouvernent les Peuples de leur consentement, ou
quand la volonté du Chef est l'expression fidele
de celle de la Société; en obéissant à des Loix
qu'elle approuve, le Sujet peut se dire *Citoyen*;
il existe pour lui une *Cité*, une Patrie; il sent
la nécessité de s'y attacher en vue des secours,
des biens, de la sûreté qu'elle lui procure. Telle
est la mesure de son amour pour son Pays, &
pour son Gouvernement. Il les chérira, tant
qu'ils le maintiendront dans une façon d'exister
qu'il approuve; le sacrifice qu'il leur fait d'une
portion de son indépendance, ne peut être que
proportionné aux biens qui en résultent pour
lui. Il n'y a de Citoyens que sous un Gouvernement équitable; sous un Pouvoir tyrannique
le Gouvernement ne peut avoir que des ennemis
qui désirent sa ruine; il n'a pour fauteurs & pour
appuis, que des flatteurs, des traîtres, des ames
corrompues.   §. II.

§. II. *De l'Obéissance.*

L'obéissance n'a pour motif que l'espérance d'un bien ou la crainte d'un mal ; l'homme ne renonce à sa propre volonté, que pour obtenir un bonheur plus grand que celui qu'il obtiendroit en se guidant selon sa propre fantaisie, ou pour éviter le malheur qui suivroit sa désobéissance. C'est donc un intérêt éclairé par la raison, qui doit engager le Citoyen à se soumettre aux Loix justes d'une Société qui s'occupe du bien-être de ses membres. Sous un Gouvernement despotique ou tyrannique, l'obéissance n'a d'autre motif que la crainte d'un Pouvoir injuste qui ne sert qu'à appuyer le caprice de celui qui commande, sans procurer d'avantages à celui qui obéit ; c'est alors la force qui arrache une soumission extérieure que le cœur désavoue. En obéissant, le Citoyen travaille à son propre bonheur ; en obéissant, l'esclave ne travaille que pour un maître qu'il déteste, sans aucun profit pour lui-même ni pour la Société. Il n'y a que l'attente du bonheur qui puisse déterminer un être raisonnable à obéir à un autre ; c'est une violence, une injustice, une tyrannie, que de forcer un homme à renoncer à sa liberté naturelle sans qu'il en résulte pour lui d'avantages réels.

§. III. *De ses Limites.*

Les membres d'une Société qui refusent d'obéir à l'Autorité qu'elle approuve, font des *Rebelles* ; ceux qui refusent d'obéir à un Pouvoir injuste, nuisible & qu'elle désapprouve, font des Citoyens fideles à la Patrie : le Tyran, l'Usur-

L

pateur font alors les feuls rebelles; ils réfistent à la volonté générale contre laquelle il ne leur eft point permis de s'élever. Ceux qui conjointe-ment avec un Tyran confpirent contre la Socié-té dont ils font membres, ne reffemblent-ils pas à des fils dénaturés qui aideroient un voleur à piller la maifon de leur pere?

CES principes ferviront à nous faire connoî-tre les bornes légitimes de l'obéiffance. Qu'elle foit illimitée, lorfque la volonté du Souverain ne fera que l'expreffion de la volonté publique; elle feroit aveugle, infenfée, criminelle, lorf-que l'Ufurpateur fubftituera fa propre volonté à celle de la Société, à laquelle les Sujets font u-nis par des liens antérieurs & bien plus facrés, que ceux qui les attachent à leurs Souverains. L'obéiffance aveugle n'eft faite que pour des efclaves. Le Citoyen n'obéit qu'à ce que l'Au-torité a droit de lui commander, & jamais l'Au-torité n'a droit de rien commander de contraire à la nature, à la juftice & au bien-être d'un tout auquel elle eft fubordonnée.

§. IV. *Queftions fur le même fujet.*

MAIS, dira-t-on, comment juger de la juf-tice ou de l'utilité des ordres du Souverain? Comment connoître le vœu de la Société à la-quelle fouvent il n'eft point libre de s'expliquer? Je réponds que les Loix de la nature & de la raifon font connues de tous ceux que la paffion, l'intérêt ou le préjugé n'ont point totalement aveuglés: tous font à portée de juger fi les or-dres qu'on leur donne y font oppofés ou conformes ; lorfqu'un Tyran furieux ordonne à quelques-uns de fes Sujets d'égorger ceux de leurs Concitoyens qui refuferont d'obéir à fes volontés arbitraires ; lorfqu'il voudra les employer à priver des Concitoyens de leur liberté, de leur propriété & des autres avantages dont la Nature & la Société lui garantiffent l'ufage ; lorfqu'un Tyran anéantira les loix expreffes d'une Nation qu'il gouverne, quels font les Sujets qui fe conformeront à fes ordres ? Tout être raifonnable n'en fent-il pas l'injuftice ? Le cœur de tout Citoyen n'en eft-il pas révolté ?

§. V. *Du vœu de la Nation.*

LA volonté de la Société fera toujours fuffifamment connue ; & le Citoyen ne peut ignorer les ordres qu'il doit fuivre, lorfque d'un côté le Souverain tout feul, & d'un autre la Société entiere auront des volontés difcordantes. On ne peut affez le répéter, les droits des Nations font antérieurs à ceux des Rois qu'elles ont choifis pour les placer à leurs têtes. Elles n'ont jamais perdu le droit de limiter, d'altérer, de circonscrire, de révoquer les pouvoirs qu'elles ont donnés, dès qu'elles en reconnoiffent les abus. C'eft alors leur voix, & non celle du Souverain qui doit être écoutée. Les Sujets ligués avec un Tyran pour opprimer leur Patrie, font des brigands, des rebelles, des furieux, à qui la Patrie a droit d'oppofer toute fa force, & qu'elle punira juftement des crimes dont ils fe rendent coupables en foutenant fes ennemis.

CES maximes paroîtront, fans doute, étran-

ges & dangereufes à des hommes accoutumés à
confondre le Souverain avec fa Nation; elles
révolteront des ames avilies, en qui la dégrada-
tion eft devenue héréditaire; elles paroîtront
fauffes à des aveugles qui n'ont aucune idée des
droits de la Société: elles feront traitées de fédi-
tieufes par des flatteurs & des courtifans mercénaires que des intérêts méprifables uniffent toujours avec le pouvoir le plus injufte. Mais la
vérité de ces principes frappera tous ceux qui,
remontant au but de l'affociation, aux fentimens
inhérents à la nature humaine, aux droits inaliénables des Peuples, ne s'en laifferont point impofer par des mots. Obéiffez fans examen à
l'Autorité, nous crie le Defpotifme; obéiffez
plutôt à la Nature, à la Juftice, à la Patrie,
nous crie l'intérêt général, dont la voix eft faite
en tout tems pour commander au Citoyen.

§. VI. *Des Mécontentemens Publics.*

Ainsi que l'Autorité, l'obéiffance a donc
des bornes; elles font invariablement fixées par
la juftice, par l'utilité, par les circonftances,
par le vœu général de la Société. On dira, peut
être, qu'il eft impoffible au Souverain le plus
équitable de gouverner d'une maniere également
avantageufe pour tous fes Sujets, ou qui jamais
ne faffe des mécontens. Je réponds qu'il fuffit
que fa façon de gouverner convienne au plus
grand nombre. Avec les intentions les plus pures, un Souverain peut quelquefois déplaire à
fes Peuples par fes Loix, mais il les révoquera,
dès que fes Peuples lui en feront fentir les inconvénients. Sous le Prince le plus vertueux,

un grand nombre de Citoyens peuvent être malheureux pour un tems, mais leur infortune aura son terme, dès qu'elle sera connue. La conduite d'un Gouvernement ne cause un mécontentement général, que lorsqu'elle est évidemment & continuement mauvaise, ou lorsque, bonne en elle-même, elle est malicieusement interprétée par de mauvais Citoyens. Dans le premier cas, il faut remonter à la source du mal, & détruire dans l'administration, le vice qui déplait à la Nation: dans le second cas, un Souverain doit détromper ses Peuples, leur faire connoître la droiture de ses vues; les guérir peu-à-peu des préjugés qui les aveuglent; leur dévoiler les complots des hommes corrompus & séditieux qui cherchent à les indisposer contre des mesures raisonnables, utiles à la Patrie. Les Sujets ne sont opposés à la raison, que lorsque les Souverains se croient dispensés de leur parler raison; les maux des Sujets ne sont sans remedes, que lorsqu'ils sont inconnus de leurs maîtres, ou quand des intérêts mal entendus ou une injuste vanité les rendent sourds à leurs plaintes. Le vœu d'une Nation est toujours connu, dès que la violence ne l'empêche point de s'exprimer. Même sous l'Autorité la plus tyrannique, les desirs des Peuples se font assez sentir, ils frappent les yeux de tout Citoyen raisonnable; il s'apperçoit bientôt des circonstances où son obéïssance à ses Maîtres seroit funeste à son pays.

Est-il donc si difficile de connoître le vœu d'une Nation, quand on voit les Villes & les Provinces livrées à la rapacité des Satrapes & des Concussionaires; quand des impôts excessifs rendent les campagnes incultes & dépeuplées; quand on voit que le travail le plus pénible fournit à peine au cultivateur de quoi se nourrir & se défendre des injures de l'air : quand on voit que les Loix n'ont évidemment pour objet que de ravir aux Citoyens leurs propriétés; quand on voit le Despotisme effronté ne respecter ni la personne, ni l'état, ni le rang; quand on voit les trésors de l'Etat indignement dissipés pour récompenser les vices d'un tas d'intrigants, de sycophantes, de flatteurs; enfin quand on voit que depuis le Citoyen le plus distingué jusqu'au plus misérable, tout le monde est continuellement exposé à devenir la victime du caprice, de la vengeance, de l'injustice, de la délation, de l'intrigue? Dans une Nation où personne n'est à l'abri de la violence; où la justice est anéantie; où personne, en un mot, ne jouit de la propriété, de la sûreté personnelle, de la liberté, le Citoyen équitable ne sera incertain ni sur l'état de sa Patrie, ni sur le parti qu'il doit prendre en cas qu'elle se déclare.

§. VII. *Des Troubles.*

MAIS, dira-t-on, quel parti prendra-t-il, si seulement une portion de la Nation vient à s'armer contre le Souverain? Il consultera les lumieres de sa raison; il embrassera le parti qu'il jugera le plus avantageux à sa Patrie; il peut se tromper, sans doute, mais son cœur ne lui reprochera rien, lorsque le bien de son pays sera le vrai motif de ses démarches. Il peut arriver, quoique très rarement, qu'une Nation aveuglée méconnoisse quelquefois les services d'un Souvemin vertueux: il peut arriver qu'elle s'oppofe au bien même qu'il veut lui faire, mais la volonté de tous n'eft jamais faite pour être facrifiée à la volonté d'un feul; nul homme ne peut acquérir le droit de commander à une Nation contre fon gré: le Monarque peut alors lui repréfenter fon injuftice, tâcher peu-à-peu de l'appeller à la raifon, lui faire fentir avec douceur les fuites de fes démarches imprudentes: mais il mettroit l'injuftice de fon côté, il deviendroit un Ufurpateur & un Tyran, s'il s'opiniâtroit à lui impofer un joug qu'elle abhorre, ou à la foumettre à des Loix qu'elle rejette. Le Souverain le plus légitime, le plus fage, le plus vertueux ne feroit plus qu'un Tyran, fi, contre le vœu public, il s'obftinoit à gouverner; il rentre dans l'ordre des Sujets, dès que la volonté publique a révoqué fes pouvoirs.

Le Citoyen ne peut, fans trahir fon devoir, refufer de prendre parti pour fon pays contre le Tyran qui l'opprime. Le défefpoir arme fouvent les mains de la vertu même contre la violence d'un pouvoir inique. La force eft le feul remede contre la force; une Nation entiere n'eft jamais totalement mécontente fans les plus fortes raifons; les Peuples font tranquilles, tant que leurs maux font fupportables; la crainte de maux plus grands les retient dans l'inertie; c'eft toujours la négligence ou l'injuftice exceffive des Princes qui les privent de l'affection de leurs Sujets; ce n'eft que l'excès de la violence qui les pouffe à chercher des moyens extrêmes pour améliorer leur fort. Il n'y auroit point de révolte, s'il n'y avoit point de Tyrannie.

L 4

§. VIII. *De leurs caufes.*

EN EFFET, ne voyons-nous pas dans les Peuples, un attachement invincible pour des Souverains qui fouvent ne leur font que du mal, ou
qui s'embarraffent fort peu de leur faire du bien?
Le Peuple eft toujours prêt à difculper fes maîtres, lors même qu'il a lieu de s'en plaindre, il s'i-
magine qu'ils ignorent fes maux & qu'ils y remé-
dieroient, s'ils étoient mieux inftruits. Un respect héréditaire pour l'Autorité, l'éclat qui l'environne, l'antiquité de la poffeffion, font des
liens puiffants qui attachent les Sujets à leurs Souverains & qui les leur rendent chers malgré leur
négligence ou leurs iniquités. Les Nations fup-
pofent toujours que leurs Chefs ne peuvent être
leurs ennemis: il n'y a que la tyrannie la plus
effrontée qui foit capable de les détromper, &
qui leur montre qu'elles n'ont affaire qu'à des ingrats qui abufent de leur tendreffe & de leur do-
cilité, ou que d'infâmes confeillers endurciffent
& rendent infenfibles à la tendreffe de leurs Sujets. Eft-il un crime plus déteftable, que celui
de ces Miniftres qui font que les Peres des Peuples rebutent les cœurs de leurs Enfants!

CE n'eft jamais qu'au fein des Nations fati-
guées par des violences continuelles, qu'il s'éleve des ambitieux ou des fanatiques dont la voix
fe fait écouter. Le feu de la révolte ne s'allume,
que lorfqu'il rencontre dans les efprits, des ma-
tieres combuftibles. Des Sujets turbulents & des
rebellions fréquentes annoncent toujours un Gouvernement vicieux ou des Souverains négligents.
L'hiftoire ne nous fournit gueres d'exemples de

Souverains injustement détrônés; mais elle nous en montre un nombre infini qui ont justement mérité la colere de leurs Sujets.

§. IX. *Le Citoyen doit être patient.*

RIEN n'est plus criminel, sans doute, que les révoltes d'une portion, quelquefois peu considérable, de la Nation contre l'Autorité la plus légitime. Les engagements qui lient les Sujets à leurs Maîtres, le bon ordre, la sûreté ordonnent à chaque Citoyen de demeurer en repos. Que la Société se venge des maux dont elle a droit de se plaindre; que des Citoyens fideles la secondent, quand elle s'est expliquée, mais qu'ils ne troublent jamais sans son aveu l'ordre qu'elle établit; qu'ils ne se révoltent pas contre les maux passagers qu'elle consent à supporter. Tout tomberoit dans l'anarchie, si le Sujet se faisoit justice à lui-même. Citoyen! fuis une Patrie qui te rend malheureux, ou gémis en secret des maux que tu éprouves tout seul; tu dois au repos de l'Etat, le sacrifice de ton ressentiment personnel. La Société réunie ou représentée a droit seule de résister, de faire rentrer dans le devoir, de punir les prévaricateurs qui l'oppriment; alors tu lui prêteras ton bras, tu combattras pour elle, tu la soutiendras dans ses demandes; tu le dois, & tu rempliras ton devoir en refusant avec elle d'obéir à des volontés désavouées par ta Nation; tu ne peux être criminel en suivant ses drapeaux.

Vous, Souverains, que vos ordres soient justes, si vous voulez être obéis. Vous ne trouverez point de Sujets rebelles, lorsque vous ne ferez point vous mêmes rebelles à l'Autorité qui doit régler la vôtre; lorſque fideles organes de la Société, vos Loix ſeront conformes à ſon but. Les Princes ſont des rebelles, lorſqu'ils réſiſtent à l'équité; les Sujets ſont des rebelles, lorſqu'ils réſiſtent à l'Autorité qui les gouverne équitablement. Les paſſions peuvent quelquefois rendre les Sujets injuſtes & criminels, ainſi que les Souverains; la violence ne juſtifie pas plus les excès des uns, que ceux des autres. Les légions qui arrachèrent l'Empire & la vie au pacifique *Probus*, ne furent pas moins criminelles que *Néron* qui, dans ſon délire, réduiſit ſa capitale en cendres.

§. X. *Il doit obéir aux Loix, & ſe conformer au Vœu public.*

Ainſi les Sujets ne peuvent ſe diſpenſer d'obéir ſans réſerve aux Souverains qui les gouvernent d'après des Loix juſtes, utiles & néceſſaires; alors déſobéir au Souverain, c'eſt déſobéir à la Société, c'eſt s'ériger en juge de ſa propre autorité, c'eſt ſortir de ſon rang; ce ſeroit un amour propre bien étrange que celui d'un Citoyen qui prétendroit que ſes intérêts doivent être préférés à ceux de la Société réunie; ſi l'obéiſſance lui devient pénible ou déplaiſante, il doit ſe ſouvenir qu'elle eſt un ſacrifice que le corps dont il eſt membre a payé de ſes bienfaits. Il a dû lui ſubordonner ſes déſirs, ſes paſſions & ſes intérêts; ce n'eſt qu'à cette condition qu'il en eſt protégé & maintenu dans les avantages qu'il peut juſtement eſpérer: je dis *juſtement*, car nul Citoyen, nul ordre d'hommes, nul corps dans une

Nation ne peuvent avec juſtice ſe préférer au tout. En vivant en Société, l'homme a dû prévoir que nulle puiſſance humaine ne pouvoit le garantir des coups de la néceſſité, ni des inconvénients attachés à l'aſſociation qui, en augmentant les biens dont il jouit, ne peut pas l'exempter de tous maux. Le Sujet ſeroit donc déraiſonnable, s'il prétendoit à un bonheur permanent; il ſeroit un ingrat, ſi, après avoir éprouvé les plaiſirs de l'aſſociation, il refuſoit d'en partager les peines; il reſſembleroit à ces hommes mercénaires qui ne s'attachent à leurs amis, que dans la vue de profiter de leur opulence, & qui les abandonnent aux approches de l'infortune. Les Loix ceſſent-elles de me protéger? Des Souverains injuſtes me privent-ils des biens que la Nature m'a rendus néceſſaires? Une adminiſtration inſenſée me livre-t-elle ſans défenſe à l'oppreſſion? La Société, ſi elle ſe tait, manque à ſes engagements; rendu alors à moi-même, je puis quitter une Patrie qui n'eſt plus qu'une priſon pour moi. Dégagé de mes liens, tout m'autoriſe à chercher en d'autres lieux, un bonheur auquel ma nature me fait tendre ſans ceſſe. Le Citoyen vertueux n'excite jamais de troubles. Quand la Patrie ſe plaint, il joint ſa voix à la ſienne; quand il eſt ſeul à plaindre, il ſouffre avec courage, ou il s'éloigne d'une Société où il ne trouve point les avantages qu'il avoit droit d'eſpérer.

§. XI. *De l'inégalité entre les Citoyens.*

La Nature ayant rendu les hommes inégaux par les forces du corps, les diſpoſitions du

cœur & les talents de l'esprit, la Société, en
vue de son bien-être, doit pareillement mettre
de la différence entre ses membres, & proportionner son estime, son affection & ses récompenses à l'utilité, c'est-à-dire au mérite, aux
facultés, aux vertus des Citoyens qui la composent. Delà naissent différents ordres de Citoyens, distingués les uns des autres par leurs dé-
partements & leurs fonctions, qui, par des voies
différentes, doivent concourir au plan général
de l'association. L'objet du Gouvernement &
des Loix doit être de diriger vers l'intérêt général, toutes les facultés des Sujets & par consé-
quent d'empêcher qu'aucun des membres de l'E-
tat n'abuse contre les autres des avantages qu'ils
possedent. Les besoins d'une Nation exigent que
les Citoyens s'occupent d'objets divers; par là il
s'établit un échange de secours sans lequel l'association ne pourroit subsister. Depuis le Citoyen que le préjugé regarde comme le plus vil,
jusqu'à celui qui gouverne l'Etat, il doit se former une chaîne de services, seuls liens qui puissent unir entre eux des êtres de la même nature. Le Peuple obligé de travailler pour sa subsistance s'occupe des ouvrages les plus pénibles,
de la culture des terres, du commerce, des arts;
en échange des services qu'il reçoit de ses Concitoyens, il les nourrit, il les vêt, il leur procure les besoins & les agréments de la vie; il
travaille pour ceux qui s'engagent à le gouverner, à veiller pour sa sûreté, à méditer pour
lui, à s'occuper de ses besoins, à maintenir la
tranquillité nécessaire à ses travaux, à terminer
ses disputes. Sans ces secours mutuels, la société ne tarderoit point à se détruire. Tout

Citoyen doit concourir au bien public à fa ma-
nière. Dans un Etat bien gouverné la vertu,
l'utilité, l'induftrie, l'activité; les talents doivent être la mefure invariable des récompenfes.
L'homme inutile interrompt la chaîne qui lie les
Citoyens, l'homme criminel la brife.

§. XII. *Origine des rangs.*

Si l'utilité dont les Sujets font à l'Etat met
de l'inégalité entre eux, cette inégalité eft com-
penfée par le befoin que tous ont des mêmes fecours. Ainfi dans une Société bien réglée, nul
homme n'eft méprifable, dès qu'il eft vraiment
utile; tout Citoyen eft précieux, dès qu'il remplit les fonctions que fon rang lui affigne. Le
Souverain eft, fans doute, le plus utile des Citoyens, dès que fes foins répandent le bonheur
fur toute la Société; fa grandeur n'eft fondée
que fur l'étendue de fon utilité, de fes talents,
de fa vigilance. Le Sujet le plus eftimable eft
celui de qui la Société retire le plus de fecours.
Ainfi la nature de la Société veut que tous fes
membres lui foient chers, dès que, fideles à leurs
engagements, ils concourent à l'utilité commune; elle veut que fa tendreffe & fon eftime fe
proportionnent à l'étendue des avantages qu'on
lui fait éprouver. Elle veut que le mépris, la
haîne & les punitions foient le partage de ceux
qui lui font inutiles ou nuifibles.

L'amour de foi, l'intérêt perfonnel, le defir
d'être préféré à fes femblables, font des fentimens
qui fe montrent dans tous les hommes. Ceux
qui gouvernent une Société, n'ont pas de mobile

plus puiſſant pour faire ſervir ſes membres à l'u-
tilité générale. Le Gouvernement doit flatter
les paſſions des Citoyens utiles à l'Etat, en leur
donnant de l'autorité, des titres, des marques
de préférences, des récompenſes qui les diſtin-
guent de leurs Concitoyens: ceux-ci conſentent
à cette partialité apparente, en vue des avantages qu'ils attendent eux-mêmes de ceux qu'on
éleve ſur leurs têtes. Ces préférences, auxquelles la Société ſouſcrit, mettent ceux qui la ſervent à portée de jouir plus heureuſement de leur
exiſtence, que ceux d'entre ſes membres à qui
elle n'a point les mêmes obligations.

§. XIII. *Des Récompenſes Publiques.*

LES récompenſes ſont ou des biens phyſiques,
ou des avantages fondés ſur l'opinion; elles procurent, ou un bien-être ſenſible & matériel,
ou une ſatisfaction intérieure & idéale qui réſulte de l'eſtime, du reſpect & des diſtinctions,
motifs faits pour toucher des êtres dont chacun
ſe préfere à ſes ſemblables. C'eſt ainſi que l'a-
mour de ſoi, & les paſſions des Citoyens, con-
venablement dirigées, tournent au profit de la
Société. Telle eſt l'origine des rangs divers
que les vertus, les talents, les emplois, la nais-
ſance, les richeſſes mettent entre les Citoyens.
Ces diſtinctions ſont fondées ſur un ſacrifice que
les membres aſſociés font de l'égalité, ou même
de la préférence que chacun d'eux deſire pour
lui-même, en faveur des bienfaits qu'ils ont reçus ou qu'ils attendent. Ce ſacrifice n'eſt point
gratuit: les hommes, à moins d'être aveugles,
n'accordent leur tendreſſe, leurs reſpects & leur

reconnoiffance à quelques-uns de leurs pareils, ne s'intéreffent à leur bien-être, ne leur immolent leur intérêt particulier, qu'en vue des avantages qu'ils en retirent ou qu'ils fe croient en droit d'en efpérer. Le refpect pour l'Autorité, la déférence qu'on montre au rang, l'obéiffance à l'ordre des perfonnes diftinguées ne font que des expreffions de la difpofition où nous fommes de reconnoître le mérite, les talents, la fupériorité, l'utilité de ceux que la Société nous préfere. Le Citoyen opulent ne fe fait refpecter de l'indigent, que parce que celui-ci voit en lui un homme utile pour lui-même & pour d'autres. Le Citoyen obfcur voit dans le Citoyen puiffant, un protecteur, un appui. L'avare eft l'objet du mépris; parce que fon tréfor eft inutile. Le puiffant devient l'objet de la haine, dès qu'il opprime. Dès qu'on nous eft inutile ou nuifible, nous n'éprouvons que de l'indifférence ou de la haîne. La confidération ne peut être fondée que fur l'amour, & l'amour n'eft fondé que fur le bien que l'on reçoit; aimer, eftimer, refpecter ce qui eft inutile ou dangereux, feroit une pure folie.

SI nous avons pour le rang, la naiffance, le crédit, le pouvoir les fentimens qui ne font dûs qu'à la perfonne & aux avantages qu'elle nous procure, nous fommes les dupes de quelqu'erreur, ou nous mentons à nous-mêmes. Sous un mauvais Gouvernement l'affection pour la puiffance n'eft qu'une hypocrifie, un menfonge, un effet de la crainte.

CE n'eft que pour fon bien, que la Société

peut confentir à l'inégalité qui s'établit entre fes
membres; dès qu'elle accorde fon amour, fa
confidération & fon eftime à des qualités méprifables ou haïffables, elle eft la dupe de l'habitude, de l'opinion, de l'ignorance & de fes vues
bornées. Cela pofé, voyons quels font les devoirs, les prérogatives & les droits des différentes claffes de Citoyens dans lefquelles une Nation eft communément partagée; fi l'utilité eft la
fource légitime des rangs, des titres, des honneurs que l'on accorde à quelques Sujets préférablement aux autres, pefons les avantages que
procurent à l'Etat ceux qui jouiffent de ces diftinctions; mettons les hommes dans la balance,
comparons - les aux fruits que la Société en retire, & nous ne nous tromperons jamais fur les
jugements que nous en devons porter. La Nature a fait les hommes égaux pour les droits,
pour les defirs, pour l'amour du bonheur & de
l'indépendance, mais elle les a fait inégaux pour
les facultés ou les moyens de contenter leurs
vœux: ils ne peuvent raifonnablement faire céder leurs penchants propres à ceux de leurs femblables, qu'en vertu des avantages qui en réfultent pour eux-mêmes. Le Citoyen diftingué
prend donc des engagements avec ceux qui le
diftinguent; ceux-ci ne peuvent avoir pour lui,
les fentiments qu'il demande, que lorfqu'il remplit à leur égard les conditions de fes engagements. C'eft un abus que de confidérer ou de
diftinguer l'inutilité; un Citoyen inutile eft un
mauvais Citoyen. L'utilité feule peut fonder
les prétentions, les prérogatives & les titres du
Monarque, ainfi que celles du plus humble des
Sujets. Nous avons examiné les droits des Souverains,

verains, voyons maintenant ceux des autres Citoyens, & commençons par ceux des *Repréſentants* d'une Nation.

§. XIV. *Des Repréſentans d'une Nation.*

ON a vû ci-devant que, ſous un Gouvernement ſagement tempéré, la Nation étoit repréſentée par un Corps ou Sénat deſtiné à prévenir
les abus de l'Autotité Souveraine, & qui, pour
ainſi dire, formoit une moyenne proportionnelle entre le Peuple & le Monarque. Telles ſont
les fonctions des *Repréſentants* d'une Nation;
leurs droits, inviolables pour le Souverain, ſont
reſpectables pour les Peuples, tant qu'ils s'ac-
quittent fidélement des devoirs qui leur ſont im-
poſés par leurs Conſtituants; tant qu'ils veillent
à leurs intérêts; tant que leurs lumieres décou-
vrent les maux dont la Nation peut ſe plaindre
& en indiquent les remedes; tant qu'ils réſiſtent
aux volontés contraires au vœu général des Sujets. Mais les prérogatives & les droits des Repréſentants de la Société diſparoiſſent, lorſque
devenus des organes infideles du Peuple, de qui
leur pouvoir eſt émané, ils les livrent à l'oppreſſion, ils concourent aux infractions que
l'Autorité fait aux Loix, ils ſe prêtent aux vues
injuſtes d'un Souverain ou de ſes Miniſtres; enfin lorſqu'ils leur rendent & leur livrent les biens
& la liberté de leurs Concitoyens. Leur pouvoir
n'eſt plus alors qu'une uſurpation manifeſte; ils
en abuſent, lorſqu'ils violent eux-mêmes les loix
qu'ils ſont faits pour maintenir; lorſque ſous prétexte de leurs prérogatives, ils s'arrogent le
droit d'être injuſtes impunément; lorſqu'ils pré-

M

Contraste insuffisant

NF Z 43-120-14

tendent à des exemptions onéreufes à leurs Concitoyens, auxquels ils doivent l'exemple; lorfqu'ils tiennent un langage défavoué par leurs
Conftituants; enfin lorfqu'en proie à l'efprit de
corps, aux factions, aux cabales, ils font céder
le bien public à leurs paffions, à leur ambition,
à leur avarice: ils ne font alors que des interprêtes infideles, des factieux & des traîtres dont
les Conftituants font en droit de révoquer les
pouvoirs. Les Repréfentants d'un Peuple ont
droit de le fervir, de parler en fon nom d'une
façon moins tumultueufe qu'il ne feroit lui-même,
de veiller à fon bonheur que fouvent il mécon-
noît; jamais ils n'ont le droit de l'affervir. Si
la Société ne peut elle-même renoncer à fes
droits, eft-il quelqu'un qui puiffe y renoncer
pour elle? Perfonne ne peut parler pour elle,
que lorfqu'elle confent à ne point parler elle-
même.

§. XV. *Quels ils doivent être.*

ON demandera, peut-être, dans un Etat
bien conftitué qui font ceux qui ont naturellement le droit de repréfenter la Nation? Je réponds que ce font les Citoyens les plus à portée
de connoître fon état, fes befoins & fes droits,
& les plus intéreffés à la félicité publique. Il
faut des talents, des lumieres, de la probité
pour parler au nom d'une Nation; il faut être
lié d'intéréts avec elle, pour la repréfenter fidélement. Mais qu'eft-ce qui lie le Citoyen à fa
Patrie? Ce font les poffeffions defquelles dépend
fon propre bien-être; c'eft la terre qu'il poffede
qui lui rend cette Patrie chere; c'eft cette pof-

seſſion qui l'identifie avec ſon pays; c'eſt ſur la
terre que retombent, ſoit directement, ſoit in-
directement, les impôts, les biens & les maux
qui arrivent à une Nation; c'eſt pour défendre
la poſſeſſion de la terre, que la guerre eſt deſti-
née; c'eſt pour faire circuler les dons que la
terre produit, que le commerce eſt néceſſaire;
c'eſt pour aſſûrer les terres à leurs propriétaires,
que la juriſprudence eſt utile. Ainſi la poſſeſſion de la terre conſtitue le vrai Citoyen; &
tout vrai Citoyen doit être repréſenté dans l'E-
tat, il doit y parler en raiſon de l'intérêt qu'il a
dans la choſe publique. La brigue, la vénalité
ne donneront jamais de fideles Repréſentants à
une Nation; elle ne ſera pour lors repréſentée
que par des hommes incapables qui auront aſſez
d'argent pour acheter des ſuffrages, ou par des
ambitieux & des avares qui la revendront pour
des titres, des honneurs ou des richeſſes; ou
par des factieux qui la déchireront.

La corruption eſt la ruine d'un Gouvernement tempéré; un Peuple ne peut être repréſenté fidélement, s'il vend à ſes Concitoyens le
droit de parler pour lui; les hommes n'achetent
communément, que pour revendre à profit; un
Citoyen vertueux ne s'abaiſſe point à acheter les
ſuffrages d'un Peuple qu'il ne pourroit conſentir
à livrer. Un Peuple qui ſe vend devient complice des trahiſons qu'on lui fait; en vendant
ſes ſuffrages à ſes Repréſentants, il autoriſe
ceux-ci à vendre les leurs.

On nous dira, peut-être, que le Peuple n'eſt
point un juge compétent du mérite des Candi-

dats qui par leurs poſſeſſions ſont dans le cas de prétendre à l'honneur de le repréſenter. Je réponds que le Peuple ſe trompe rarement ſur le caractere des Citoyens qu'il a ſous ſes yeux; s'il ne choiſiſſoit jamais pour ſes Repréſentants que des hommes établis dans ſa ville, dans ſon bourg, dans ſa Province, il en jugeroit ſainement & ſauroit ce qu'il a droit d'en attendre; un homme éclairé, honnête & vertueux, un Citoyen riche & bon n'eſt jamais inconnu dans le canton qu'il habite. Otez la corruption, & les choix du Peuple ſeront communément très ſenſés.

§. XVI. *Doivent ſtipuler pour tous.*

Nul ordre de Citoyens, nul corps dans l'Etat ne peut raiſonnablement s'arroger le droit de repréſenter uniquement la Nation; ſans celà le Gouvernement dégénere bientôt en une Ariſtocratie funeſte au Monarque & au reſte des Sujets. Dans un Etat bien conſtitué, les différentes claſſes des Citoyens doivent ſe balancer les unes les autres, ſans qu'aucune prenne un aſcendant trop marqué; ſi la choſe arrivoit, la claſſe devenue dominante deviendroit bientôt la maîtreſſe de l'Etat & l'équilibre ſeroit détruit.

Nous aurons occaſion de faire voir que dans l'origine de preſque tous les Gouvernements modernes, des Guerriers ou des Nobles ſe ſont crus autoriſés par la conquête à repréſenter excluſivement & pour toujours les Nations conquiſes, & peu-à-peu ſont parvenus à ne faire des Souverains, que des phantômes, & du Peuple, que des eſclaves. Tout Corps nombreux, lorſqu'il n'eſt pas contenu, ne s'occupe que de lui-même, ne ſtipule que ſes propres intérêts, devient le centre unique de la Société, & dégénere peu-à-peu en une eſpece de Démocratie, où l'on voit les factions, la licence & l'anarchie de ce Gouvernement ſi précaire. Si le corps des Nobles a uſurpé cet aſcendant, l'hiſtoire nous le montre réuni pour aſſervir les Rois, pour faire taire les Loix, pour écraſer le Cultivateur, pour ſoumettre le Commerce à ſes extorſions, & enſuite nous voyons ſes membres ſe déchirer par des guerres.

Quand le *Clergé* prend un pouvoir illimité, nous le voyons de même ſubjuguer les Monarques & les Peuples, diſpoſer des Couronnes, décider en Souverain, influer ſur les Loix, dépouiller les Citoyens, ſe diviſer en factions, & faire entrer les Nations dans ſes fatales querelles: la même choſe arrivera toujours, quand un Corps uſurpera ſeul le droit de parler pour tous les autres. L'eſprit de Corps anéantit l'eſprit patriotique; le bien public eſt négligé, & tout tend à augmenter les prérogatives d'un petit nombre de Citoyens qui ne ſongent qu'à eux-mêmes, & qui ſouvent deviennent des Tyrans plus incommodes & plus cruels que le Deſpote le plus effréné. Un Deſpote eſt préférable à un Corps Deſpotique; de toutes les Tyrannies, la Tyrannie Démocratique eſt la plus cruelle & la moins raiſonnée.

Pour prévenir ces inconvénients, il faut que le pouvoir ſoit partagé. Les différentes claſſes des Citoyens ſont également utiles à l'Etat; ainſi

toutes doivent jouir du droit de parler & de ſtipuler leurs intérêts reſpectifs. Le Noble ne doit
pas ſtipuler pour l'homme de loi, le Cultivateur ou le Marchand, dont les intérêts lui ſont
communément étrangers; l'homme de Loi ignore
la guerre, le commerce & la politique; l'homme d'Egliſe ſe ſoucie communément fort peu du
bien public, pourvû qu'il domine l'eſprit de ſes
Concitoyens. Le Commerçant ne ſtipule que les
intérêts de ſon commerce ou de ſon avidité.

§. XVII. *Du Peuple.*

Le Peuple conſtitue la partie la plus nombreuſe de la Société; c'eſt lui qui forme le Corps de
la Nation; c'eſt de lui ſurtout que le Gouvernement doit s'occuper; c'eſt ſur lui qu'il doit
veiller. Livré à des travaux pénibles & néceſſaires, ſi l'homme du Peuple manque communément de lumieres, il procure la ſubſiſtance, l'a-
bondance, le ſuperflu, les agréments de la vie,
la ſplendeur à ceux qui le gouvernent, à ceux qui
le défendent, à ceux qui l'inſtruiſent, à ceux qui
le maintiennent dans la jouiſſance de ſes droits:
en échange, ceux-ci doivent s'occuper de ſa
ſûreté, de ſa tranquillité, de ſon bonheur: c'eſt
de ce Peuple, ſur qui la grandeur daigne à peine
laiſſer tomber ſes regards, que dérivent originairement tous les biens de la Société; c'eſt en lui
que réſide ſa force; c'eſt de ſon ſein que ſe tirent
les ſoldats qui, en faveur de la ſûreté extérieure
qu'ils procurent par leur valeur, reçoivent de
leurs Concitoyens leur ſubſiſtance & leurs beſoins.

Dans un Etat Démocratique, le Peuple en corps ou ſes Repréſentans demeurent dépoſitaire de l'Autorité Souveraine. Sous la Monarchie tempérée, le Peuple conſerve la portion de pouvoir que la Nation s'eſt originairement réſervée par les Loix fondamentales & primitives de l'Etat. Il parle par ſes Repréſentants qui deviennent ſes tuteurs, & qui, bien mieux que lui, ſont cenſés capables de veiller à ſa ſûreté

Sous un Deſpote, le Peuple écraſé eſt l'objet des mépris d'un Maître qui ne le regarde que comme un vil bétail, deſtiné à travailler pour lui & à devenir la victime de ſon ambition & de ſa voracité. Aux yeux d'un Sultan orgueilleux, la partie laborieuſe de ſes Sujets n'eſt qu'un amas d'eſclaves peu dignes de ſes ſoins qui, mépriſés de leur maître, s'aviliſſent à leurs propres yeux, tombent dans l'abattement & la pareſſe; aveuglés par l'ignorance & le préjugé, ces grands mobiles de la tyrannie, ils ſe croient nés pour les fers, & n'oppoſent aucune réſiſtance aux injuſtes oppreſſeurs qui de jour en jour abuſent de leur foibleſſe pour appeſantir leurs chaînes.

Il n'y a qu'un Gouvernement tempéré par les Loix, qui place le Peuple dans un juſte milieu. Le Peuple, ſans doute, n'eſt point fait pour commander; il en ſeroit incapable; une liberté trop étendue ne tarderoit point chez lui à dégénérer en licence. Qu'il ſoit donc contenu & garanti de ſa propre folie ou de ſon inexpérience: que ſa voix trop tumultueuſe, quand il parle lui-même, ſoit adoucie par des organes prudents qui parleront pour lui; des Repréſentans, des Magiſtrats honnêtes veilleront plus ſûrement à ſes

X

intérêts que souvent il ignore ou s'exagere, ou ne fait point stipuler; le joug lui paroîtra plus doux par la confiance qu'il a pour ceux qui le repréfentent: au moins fe flattera-t-il que leurs intérêts feront les mêmes que les fiens. L'affu-rance où il fera pour fa perfonne & fes biens, lui donnera de l'activité, élevera fon cœur, lui donnera du courage, lui infpirera un attachement raifonné pour fes Loix, pour fa Patrie, pour fon Gouvernement; fes forces fe déploieront, toutes les fois que des objets fi chers fe trouveront me-nacés.

§. XVIII *Il ne faut point l'accabler.*

C'EST une maxime inventée par la tyrannie & adoptée par l'incapacité, que le Peuple, pour être plus traitable, doit être tenu dans la mifere. Un Gouvernement qui a pour maxime de rendre le Peuple malheureux & pauvre, afin de le ren-dre plus foumis, reffemble à un écuyer qui cou-peroit les jarets de fon cheval pour pouvoir le monter avec plus de facilité. Un Peuple doit être occupé, fans doute, mais il ne doit point être accablé; fi l'oifiveté le pervertit & le rend infolent, licentieux, la mifere & l'excès du tra-vail le rebutent, l'énervent, l'affoibliffent. Il n'y a que des tyrans qui confentent à régner par l'in-fortune; les Maîtres ignorants & corrompus ne connoiffent d'autres mobiles, que la terreur & l'in-digence, pour contenir leurs Sujets. Quels fecours l'Etat peut-il fe promettre de cadavres vivants, exténués par la fatigue & la faim? Comment in-fpirer de l'ardeur pour défendre leur pays & leurs Loix, à des hommes pour qui la vie eft un far-

deau & qui n'ont rien à défendre? Comment faire prendre des fentimens généreux à des hommes
que d'injuftes préférences & des préjugés honteux
dégradent à tout moment? C'eft toujours l'oppreffion, l'injuftice, la tyrannie qui rendent le
Peuple féditieux: il ne haït fes maîtres que lorfqu'ils font haïffables. Les hommes les plus grof-
fiers defirent & fentent le bonheur. Un laboureur,
un artifan font-ils donc incapables de diftinguer
le bien du mal qu'on leur procure? Faut-il bien
des lumieres pour fentir la différence d'un pouvoir qui opprime, de celui qui protege; le crédit
qui accable, de l'appui que donnent les Loix;
l'abondance de la mifere? Il eft vrai que le Peuple ne peut gueres juger des objets de la Politique
extérieure; mais l'homme le moins éclairé fent
bien s'il eft heureux ou non, & fi ceux qui le
gouvernent, méritent fon affection ou fa haîne.
Il diftingue aifément fi les calamités qu'il éprouve
font des effets de la Nature ou d'une adminiftration injufte & négligente: quelque foible que l'on
fuppofe fa raifon, il lui en refte affez pour favoir
qu'il doit fon amour à ceux qui travaillent à fon
bien-être, fon indifférence à ceux qui le négligent, fon inimitié à ceux qui l'oppriment. En
général, la voix du Peuple fe trompe rarement
fur le mérite. Ses décifions en ce genre font
bien plus fûres, que celles d'un Defpote imbé-
cille, dupé par les intrigues de fa Cour. Laiffez
à l'armée le choix de fes Généraux; laiffez au
Peuple le choix de fes Magiftrats & Repréfentants; écartez la corruption, & il fera pour l'or-
dinair des choix très équitables.

M 5

§. XIX. *Eſt ſouvent trop négligé.*

PAR un vice commun à tous les Gouvernements, la partie la plus nombreuſe des Nations
eſt pour l'ordinaire la plus négligée; il ſemble-
roit que ce n'eſt que pour les Princes, pour les
Riches, pour les Grands, que les Sociétés ſe
ſont formées; on diroit que le Peuple n'entre
dans l'aſſociation, que pour épargner à ceux qui
ſont déjà les plus heureux, la peine de travailler
eux-mêmes. Ainſi le petit nombre entraîne preſque par-tout la balance, & une Nation paſſe
pour bien gouvernée, dès que la partie la plus
avantagée eſt contente de ſon ſort.

UNE adminiſtration équitable doit s'occuper
par préférence du bien-être du grand nombre.
Si les Rois ſont les peres de leurs Sujets, ils doivent des ſoins plus marqués à ceux que leur défaut de lumieres & d'expérience rapproche le plus
de l'état de l'enfance; lorſque le Peuple eſt ſagement guidé, il fait la puiſſance, la richeſſe &
la force d'un Etat. Si ſes travaux l'empêchent de
cultiver ſon eſprit & de développer ſa raiſon, il
en a plus de droits à l'attention de ſes Maîtres.
Plus des enfants ſont foibles, plus ils exigent de
vigilance de la part de ceux qui les conduiſent.
De quel droit le Peuple ſeroit-il l'objet du mepris
des Princes, des Riches & des Grands? Ne
ſeroient-ils point Peuple eux-mêmes, ſi le Peuple
ne travailloit pour eux? Mépriſer le Peuple,
c'eſt mépriſer la ſource des avantages dont les
Princes & les Grands jouiſſent eux-mêmes &
dont ils ne jouiroient pas ſans le Peuple.

§. XX. *De l'instruction du Peuple.*

Le desir de plaire au Peuple, de lui être utile, de satisfaire ses besoins, de l'instruire, de le rendre bon est la marque certaine d'une sage administration. Un Gouvernement bienfaisant doit surtout s'occuper des mœurs. Une Nation sans mœurs annonce une administration négligente & perverse. L'oisiveté, la débauche, les crimes multipliés, la mendicité sont dans une Nation des signes indubitables qu'elle est mal gouvernée. Rien ne corrompt plus efficacement toutes les classes du Peuple, que l'exemple des Princes, des Riches & des Grands que chacun se propose pour modele, & dont il a besoin pour subsister.

Rien de plus étonnant que le peu de soin que les conducteurs des Peuples se donnent pour leur instruction; elle est par-tout abandonnée aux ministres de la Religion, bien plus occupés d'éblouir les esprits par des fables, des merveilles, des mysteres, des pratiques, que de former les cœurs par les préceptes d'une morale humaine & naturelle. Le Peuple est par-tout dévôt & religieux sans avoir des idées vraies de la vertu: par-tout il a de la religion qu'il trouve le moyen d'allier avec la débauche, la crapule, la fraude. Par-tout on lui laisse ignorer les devoirs de la Société. Par-tout on craint qu'il ne s'éclaire & on l'empêche de cultiver sa raison. Plus le Despotisme s'appesantit sur les hommes, moins il veut qu'on les éclaire. Malheur à ceux qui ne gouvernent que des esclaves privés de lumieres & de raison, dont les mœurs seront toujours féroces & criminelles!

L'INSTRUCTION des Peuples devroit être l'objet le plus essentiel de tout Gouvernement. Les Princes ne sentiront-ils jamais l'avantage inestimable de commander à des êtres raisonnables? Il n'y a que la Tyrannie qui mette sa gloire à régner sur des aveugles & des barbares. Vouloir que les hommes demeurent dans les ténèbres, c'est vouloir qu'ils soient méchants. Tyrans! il vous faut des Sujets ignorants, crédules & corrompus : il vous faut des esclaves superstitieux qui croient que c'est du ciel que viennent les maux produits par vos délires, votre négligence, vos oppressions, vos cruautés. Mais vous vous flattez en vain de trouver votre sûreté dans leur aveuglement. Des sauvages sont toujours féroces; des stupides sont toujours crédules, inconsidérés. Craignez donc qu'on ne les irrite contre leurs chaînes. Craignez qu'ils ne deviennent un jour les instruments de l'ambition & du fanatisme qui tourneront vos esclaves contre vous-mêmes.

POUR aimer son Gouvernement, il faut en connoître les avantages; il faut donc éclairer le Peuple, si l'on veut qu'il soit raisonnable & qu'il sente les inconvénients qui résulteroient pour lui de la séduction des hypocrites, des conseils des ambitieux, des déclamations fanatiques. Les lumieres rendront toujours un Peuple modéré; s'il est plongé dans l'ignorance, il deviendra le jouet des passions de tous les mauvais Citoyens. C'est par l'instruction générale que l'on peut rendre le Peuple raisonnable, lui faire sentir ses intérêts, le convaincre de l'attachement qu'il doit à son Gouvernement, à ses institutions, à ses devoirs, les avantages de la tranquillité, les dangers qui les menaceroient, s'il se prêtoit aux impulsions des traîtres & des flatteurs qui tenteroient de l'égarer. L'instruction est le moyen d'épargner à l'Etat les factions, les convulsions & les inquiétudes que l'ambition aidée de l'imposture y voudroit exciter. L'intérêt des Tyrans est que le Peuple n'ait ni lumieres, ni raison, ni volonté; sous un Gouvernement inique, il faut le réduire à l'abrutissement des bêtes; la lumiere ne serviroit qu'à lui faire sentir sa condition malheureuse & à lui montrer l'étendue de sa misere; empêcher qu'une Nation ne s'éclaire, est le signe indubitable d'une administration dépravée, qui n'a nulle envie de mieux faire.

§. XXI. *De la Milice.*

LES Soldats forment une classe de Citoyens destinés à défendre les autres contre les entreprises du dehors. En échange la Société leur fournit la subsistance, des distinctions, des récompenses proportionnées aux services qu'ils lui rendent. Si les Nations se bornoient aux avantages que la Nature leur accorde; si elles se laissoient jouir réciproquement des biens qui leur sont échus en partage, rien ne seroit plus inutile que d'entretenir, aux dépens de leur population, des armées nombreuses de Citoyens que les guerres détruisent, ou dont les bras demeurent oisifs pendant une grande partie de leur vie. D'un autre côté, si les circonstances malheureuses d'une Nation l'obligent à tenir sur pied un grand nombre de soldats, ses défenseurs ne tardent point à l'asservir elle-même. Sous un Despote, les défenseurs de la Patrie sont ses plus dangereux ennemis.

Il faut dans toute Nation des hommes qui la défendent; la Patrie dans cette vue doit alimenter l'ardeur de ceux de ses enfants qui consentent à s'immoler pour elle; mais nul Gouvernement n'est en droit de les y forcer. Pour étouffer le desir de se conserver que la Nature inspire à tout homme, il faut un courage dont tous les Citoyens ne sont pas susceptibles: la Société, n'étant faite que pour maintenir ses membres dans les avantages de leur Nature, deviendroit injuste & cruelle envers ceux qu'elle prétendroit sacrifier contre leur gré. Que l'on ne nous dise point que sans contrainte, personne n'exposeroit ses jours pour défendre son pays. Un Gouvernement qui procure à ses Sujets des avantages réels, ne manquera jamais de défenseurs.

Un Etat bien constitué doit être défendu par des Citoyens, par des hommes intéressés à la félicité publique, dependans de la Patrie, qui jurent fidélité à elle seule, & non par des mercenaires qui n'ont que l'intérêt de plaire à un maître injuste, qui souvent s'en servira pour anéantir le bonheur public & pour subjuguer la Patrie. Il faut aux Nations des milices nationales, & non des milices royales ou des janissaires, toujours prêts à servir les passions d'un Sultan ou les folies d'un Visir. Quels défenseurs pour une Patrie, que des hommes voués par état aux volontés arbitraires de ceux qui sont souvent les ennemis les plus avérés de cette Patrie!

Tout Citoyen doit être prêt à servir une Patrie heureuse & libre; il combattra bien mieux qu'un esclave mercenaire qui se bat pour son maître & jamais pour lui-même ou pour son pays. L'amour de la Patrie, & non le vil honneur de périr pour un Tyran, peut former des hommes courageux & magnanimes. La Patrie doit animer leur courage, à la vue de leurs propres intérêts. Rendez la Patrie chere aux hommes, & elle sera bien défendue; vous n'aurez pas besoin de violence, pour exciter à défendre un bien que tous desireront de conserver.

Ainsi la Société, en raison de ses besoins, peut & doit exciter par toutes sortes d'avantages l'enthousiasme de ceux qui de plein gré consentent à la défendre; si elle doit des récompenses proportionnées aux services qu'on lui rend, elle en doit sur-tout à ceux qui exposent leurs jours pour elle; tout prouve la nécessité d'encourager des hommes assez généreux pour oublier leur propre conservation, dès qu'il s'agit de celle de la Patrie. Voilà pourquoi le courage, la force, les talents militaires sont dans toutes les Sociétés les qualités les mieux recompensées: la gloire, la considération, l'honneur sont les mobiles du Guerrier; il cessera d'être enthousiaste si l'on cesse de l'estimer. Mais l'éclat des vertus guerrieres se ternit aux yeux de la raison, dès qu'elles deviennent nuisibles à la Patrie; elle ne reconnoît pour ses enfans, que ceux qui la servent; celui qui sert contre elle un Souverain injuste, n'est que le satellite & le complice d'un tyran.

Il n'y a donc que le préjugé qui puisse faire considérer des guerriers qui, oubliant ce qu'ils doivent à la Société, entrent dans les complots de ceux qui l'oppriment. Appellera-t'on *héros*, des traîtres qui prêtent lâchement leurs bras aux projets de la Tyrannie? Sont-ce des Citoyens, que des brigands devenus par état les instruments du caprice d'un seul homme contre les volontés & les droits de tous? Doit-on considérer des ingrats qui méconnoissent les bienfaits dont la Patrie est la source, & dont le Souverain n'est que le distributeur en son nom? Le Soldat qui combat pour son pays, qui défend sa liberté, ses possessions & ses Loix, est un Citoyen digne de son amour, de son estime & de ses récompenses; celui qui la livre à des maîtres injustes, est un perfide qui ne mérite que son mépris, sa haine & ses châtimens; c'est un enfant qui dans sa folie frappe la mere qui le nourrit, pour complaire à l'ennemi de sa famille.

LES hommes destinés par état à défendre la Patrie, peuvent-ils donc acquérir le droit de l'enchaîner, de mépriser leurs Concitoyens, d'enfreindre les Loix qui commandent à tous? Dans une Nation que ses circonstances exposent à des guerres fréquentes, la Politique doit, sans doute, entretenir l'esprit militaire, & favoriser cette grandeur d'ame qui brave les dangers & la mort; en un mot, elle doit exciter l'enthousiasme de l'honneur. Ainsi, que le Souverain distingue, récompense & honore, aux yeux des Peuples, les hommes dont la valeur est faite pour les soutenir; mais qu'il n'oublie jamais qu'une tendresse trop partiale pour eux, est capable de décourager & de rendre malheureux les autres ordres de l'Etat; que par une condescendance
aveugle

aveugle il ne laisse point leurs excès impunis; les Loix font faites pour commander également à tous les Citoyens; que les délits contre la Société foient punis par les tribunaux ordinaires; que les guerriers ne portent point dans les villes, la jurifprudence des armées. C'eft le Cultivateur, l'Artifan, le Magiftrat que le Soldat doit protéger, jamais il n'a droit de leur faire fentir, ni fa force, ni fes injuftes mépris.

PAR l'imprudence ou l'intérêt perfonnel des Souverains, l'équilibre entre les Citoyens eft détruit dans la plupart des Etats; les Nations civilifées font encore gouvernées comme des hordes & des camps. Les honneurs, les richeffes, les faveurs ne font que pour les guerriers. Les Princes mêmes dont le pouvoir eft le mieux affermi, femblent toujours fe croire au tems de la conquête & régner fur une armée. Dans la plupart des Sociétés Politiques, le tout eft communément facrifié à la partie militaire: des préjugés vraiment fauvages gouvernent encore bien des Nations policées!

§. XXII. *Origine de la Nobleffe.*

LA PLUPART des Gouvernements, comme on a vu, fe font établis par la force. Des conquérants ambitieux, non contents de diftribuer les terres des Peuples vaincus aux coopérateurs de leurs exploits, ont encore voulu qu'en récompenfe de leurs travaux, ils confervaffent toujours des privileges & de la fupériorité fur le refte des Sujets. Dans les royaumes conquis, les guerriers feuls furent réputés des hommes,

N

les autres Citoyens furent traités comme des bêtes. Telle eſt l'origine de la *Nobleſſe*. Souvent les Princes ne bornerent pas leurs bienfaits à la perſonne de ceux qui les avoient aidés dans leurs victoires; ils conſentirent encore que les biens, les prérogatives, les dignités & les titres par leſquels ils les avoient diſtingués paſſaſſent à leur poſtérité; ils voulurent par là s'attacher plus fortement les familles de ceux dont ils avoient déjà éprouvé les ſervices. C'eſt ainſi que la nobleſſe devint héréditaire. Les Monarques s'aſſûrerent par là les ſecours de pluſieurs races qui, animées d'un même eſprit & élevées comme leurs ancêtres dans les principes d'un attachement inviolable pour l'Autorité Souveraine, concouruſſent toujours à ſes vues & fuſſent les appuis de ſa puiſſance. La Nobleſſe fut donc dans preſque toutes les Monarchies, le véritable ſoutien du trône; ſon intérêt l'identifia communément avec celui des Souverains; ſon ſort fut inſéparablement uni au leur. L'égalité à laquelle téndent les Démocraties ne s'accorde point avec l'orgueil d'un ordre qui rougiroit d'être confondu avec la foule des Citoyens. Si l'Ariſtocratie eſt plus favorable à quelques Nobles, le Gouvernement d'un ſeul ne laiſſe pas d'être le véritable élément de la Nobleſſe; toujours elle fut le conſeil & le ſoutien des Rois; elle travailla pour leur grandeur, dont elle tiroit ſon éclat, ſes privileges, ſes richeſſes; elle ne chercha donc qu'à étendre un pouvoir duquel le ſien dépendoit; elle traita avec hauteur le reſte de la Société; elle prétendit preſque toujours la repréſenter excluſivement. En effet, il fut aſſez naturel que les Chefs des Soldats qui avoient contribue à la

conquête d'un Pays, qui avoient aidé de leurs
conseils & de leurs bras le Chef dans ses expé-
ditions, en un mot., dont le courage & la prudence avoient fondé les Empires, s'arrogeaſſent
le droit de repréſenter l'armée qui dans le moment de la conquête dut toujours ſe regarder
comme la Nation, tandis que le Peuple fut traité en ennemi. Il reſteroit ſimplement à examiner ſi ces titres primitifs, fondés ſur la conquête, la rapine & la force, ſont faits pour ſubſiſter toujours, &, ſi depuis que le conſentement
de la Nation eut légitimé le Gouvernement établi par la violence, la Nation fut privée pour
toujours de parler elle-même & de ſe faire repréſenter par ceux en qui elle plaçoit ſa confiance.

.. QUOI QU'IL en ſoit, en Europe les Chefs ou
Repréſentants des armées furent conſultés par
des Rois toujours armés. Une Nation belliqueu-
ſe ne connoît que la guerre: ainſi les guerriers
continuerent à décider avec leur Chef du ſort
des Nations; ils eurent ſeuls part à la légiſlation, & acquirent peu-à-peu une indépendance funeſte & le droit de tyranniſer les Peuples
qu'eux-mêmes ou leurs ancêtres avoient aidé à
ſubjuguer. En conſéquence, les Nobles formerent dans preſque tous les Gouvernements Européens, une Ariſtocratie plus ou moins ſubor-
donnée à la Monarchie. En effet les Rois, é-
clipſés par leurs vaſſaux puiſſants, ne devinrent
ſouvent que des phantômes ſans pouvoir, & les
Peuples gémirent ſous des tyrans multipliés dont
aucune autorité ne put réprimer les excès. Dans
pluſieurs pays, les plus puiſſants d'entre les vaſ-

faux s'érigerent eux - mêmes en Souverains qui ;
foûmis pendant la guerre au Monarque, refu-
ferent durant la paix de reconnoître fon autorité ; ils eurent fous eux d'autres vaffaux ou des
guerriers fubordonnés qui furent obligés de les
fuivre foit dans les guerres entreprifes par les
Rois, foit dans celles qu'ils fe firent fans ceffe
les uns aux autres, ou même à leurs communs
Souverains. Ainfi les Etats furent déchirés par
des Citoyens féroces & turbulents qui ne purent
être contenus par aucunes Loix.

§. XXIII. *Ariftocratie des Nobles fous le Gouvernement féodal.*

TEL fut, comme on a vu, le Gouvernement
féodal dont nous trouvons encore aujourd'hui des
traces plus ou moins marquées dans prefque toutes les Nations du monde. Telle eft l'origine
des *fiefs*. On a déjà fait voir, en parlant des
Gouvernements, l'abfurdité de cette Ariftocratie militaire. Si toute Ariftocratie eft dangereufe pour les Peuples, que penfer d'une foule
de Defpotes ignorants & inhumains qui, au mépris des Souverains & des Loix, exerçoient fur
les Peuples la tyrannie la moins raifonnée, &
dont la prétendue liberté ne confiftoit qu'à fe
livrer fans obftacles aux défordres de l'anarchie?
C'eft pourtant à ce Gouvernement, ou plutôt
à ce défordre que les Nobles & les Grands tendent fans ceffe! efpérons néanmoins que les Peuples, inftruits par les malheurs de leurs peres,
ne confentiront jamais à fe remettre dans des
fers plus accablants, peut-être, que ceux du
Defpote le plus abfolu. Que ce Gouvernement

amené de Scythie & répandu en Europe par
les barbares du Nord, demeure à jamais banni
des Nations éclairées. Malgré les inconvénients de ce Gouvernement féodal sentis depuis
tant de siecles, il se soutient encore dans des
pays même où l'administration & les vues du
Gouvernement ont totalement changé d'objets.
Il en est même quelques-uns où, sous le nom
de liberté, il se maintient dans toute sa rigueur.
Presque par-tout les nobles, lors même que les
changements de principes des Nations rendirent
la guerre un objet moins nécessaire, se sont *cru
les Représentants exclusifs des Nations où* ils vi-
voient.

§. XXIV. *Chûte de leur pouvoir.*

Soit par l'adresse des Monarques, soit par
les dissensions des Nobles, soit par les efforts
des Peuples que leurs vexations réduisirent quelquefois au désespoir, le Gouvernement Féodal
s'est peu-à-peu affoibli dans la plupart des E-
tats; les Souverains sont enfin parvenus à rom-
pre une digue aussi incommode à leur Autorité
qu'à la liberté de leurs Sujets. Les Peuples re-
couvrerent une portion de liberté; ils obtinrent
même quelquefois une part dans la législation à
laquelle ils étoient intéressés. La Politique des
Rois fut souvent obligée d'opposer les Peuples
à leurs vassaux trop insolents: ils sentirent que
leur propre intérêt vouloit que le Citoyen fût
plus libre. D'autrefois les Peuples ne firent que
changer de tyrans, & ne sortirent de l'oppression des Nobles, que pour tomber dans les fers
d'un Monarque absolu & de sa cour. De quel-

que maniere que l'Autorité fût diftribuée, la
Nobleffe ne laiffa pas de former toujours une
claffe très diftinguée ; elle fit un corps à part,
& ne fut point confondue avec les Plébéiens
que fes ançêtres avoient anciennement foumis &
qu'une longue fuite de fiecles l'avoit accoutumée
à dédaigner. Dépouillée d'une Autorité réelle,
elle s'en dédommagea par l'éclat qu'elle emprunta
du trône. Emule autrefois des Monarques, elle
fut réduite à les fervir, à ramper devant eux
pour mériter leurs faveurs: alors elle leur prêta
fon bras pour tenir dans la dépendance le refte
de la Nation ; affervie & dégradée elle - même,
elle fe ligua très fouvent contre la liberté publique, & conferva fa fierté dans le fein même de
l'efclavage ; elle ne plaça fa gloire, fon honneur, ou plutôt fa vanité, que dans l'avantage de
plaire à fes maîtres altiers, afin d'en obtenir de
vains titres, des diftinctions frivoles, & furtout
le droit coupable de faire le mal impunément.

§. XXV. *Diftinction des Nobles & des Roturiers.*

Ce fut dans le corps de la Nobleffe, que les
Princes choifirent communément leurs Courtifans, leurs Favoris & leurs Miniftres. Les Nobles que la faveur du Prince ne diftingua poin
d'une façon fi marquée, vécurent fouvent inutiles
dans les poffeffions accordées jadis à leurs ancêtres, où ils exercerent fur leurs vaffaux, dont
ils fe rendirent les juges, une forte de jurifdic-
tion quelquefois très barbare. Ils crurent que
leur naiffance les mettoit en droit de les vexer:
il s'établit par là une foule de droits ridicules,
une jurifprudence bizarre dont la raifon peut à

peine démêler les motifs & l'origine. Les Peuples furent toujours opprimés fans que les Rois fongeaffent à y remédier, & les Seigneurs de terre continuerent à fonder leurs injuftices fur ce qu'un grand nombre de fiecles auparavant les peres de leurs vaffaux avoient été foumis & dépouillés par les guerriers leurs ancêtres.

Les Nobles, ou indépendants des Monarques, ou diftingués par leurs faveurs, mais toujours accoutumés à regarder avec dédain des Peuples que la force, la crainte & une vénération traditionelle leur foumettoient, dûrent naturellement fe perfuader qu'ils étoient des hommes privilégiés d'une efpece différente, & d'une nature plus parfaite que leurs Concitoyens qu'ils voyoient indigents, foibles & foumis; ils crûrent qu'un fang plus pur circuloit dans leurs propres veines, qu'une ame plus fublime animoit leurs organes. Ces préjugés ridicules, auxquels les Princes furent intéreffés à fe prêter, fe communiquerent à ceux-mêmes qu'ils dégradoient. Le *Roturier* fe crut méprifable, parce que le Noble le méprifoit.

Ces-idées établirent entre les Sujets une nouvelle inégalité d'opinion, mais réelle dans fes effets, qui ne put manquer de paroître onéreufe au refte des Citoyens; ceux-ci fe virent obligés de refpecter des hommes qui, enivrés de l'orgueil de leur naiffance, n'eurent que du mépris pour eux & fe perfuaderent, que, fans travail de leur part, la Société n'étoit faite que pour entretenir leur fafte & leur oifiveté. Prefque par-tout la profeffion des armes fut la feule qui convînt à la Nobleffe; elle dédaigna toutes les

autres; elle crut qu'il n'y avoit qu'un feul moyen honorable de fervir la Patrie; fa vanité,
favorifée par l'intérêt du Prince, lui fit regarder
comme baffes & déshonorantes, les profeffions
les plus utiles, même lorfque l'indigence les lui
rendoit néceffaires. Ainfi une fotte vanité con-
damna la Nobleffe à l'ignorance, à l'oifiveté;
fe battre fut fa feule fcience ; le courage fa feule vertu; fervir un maître fut pour elle le feul
chemin de l'honneur.

LES prérogatives & les faveurs dont les Nobles furent comblés dûrent néceffairement faire
de la nobleffe, un objet d'émulation & de jalou-
fie pour le refte des Sujets; le Plébéien fut malheureux par la différence énorme qu'il vit s'établir entre lui & des hommes qui, quelque mérite qu'il montrât, lui furent toujours préférés,
Les Princes diftributeurs des récompenfes firent
tourner cette émulation quelquefois au profit de
l'Etat, mais plus fouvent au leur: ils récompen-
ferent le mérite, les talents, les fervices, enfin
les richeffes mêmes de quelques-uns de leurs
Sujets, en les affociant à un corps qui excitoit
leur envie; ils leur accorderent les mêmes privileges que le hazard de la naiffance procuroit à
ceux qui étoient defcendus des anciens fonda-
teurs de la Monarchie. Ces Citoyens ennoblis
jouirent donc de quelques prérogatives en commun avec les autres. Mais quelque fuffent les
fervices que l'on voulut récompenfer en eux,
l'orgueil des Nobles d'extraction & les préjugés
des Peuples continuerent à mettre entre eux
une différence très marquée. Le mérite fouvent
factif des ancêtres l'emporta dans l'efprit des Na-

tions fur le mérite perfonnel ; la naiſſance donna des droits bien plus inconteſtables que les talents ou l'utilité préſente. Plus le Noble s'éloigna de la ſource de ſon illuſtration, plus cette ſource fut inconnue, & plus il fut conſidéré.

Ce n'eſt que ſous un Gouvernement équitable que les rangs des Sujets ſont réellement fixés. Les Nobles, diſtingués par leurs poſſeſſions, par leur naiſſance, par les ſervices de leurs ancêtres, & encore plus par leurs qualités & leur mérite perſonnel ſont des objets reſpectables pour leurs Concitoyens ; ils ſont à portée de les ſervir, ſans jamais acquérir le droit de les opprimer. Sous le Gouvernement Féodal, les Nobles ſont des Tyrans que nul pouvoir n'empêche d'abuſer contre les Peuples, d'un pouvoir dont le Monarque eſt dépouillé. Sous l'Ariſtocratie, le Noble eſt Magiſtrat ou Souverain, il ſépare très ſouvent l'intérêt de ſon Corps de l'intérêt du Peuple, auquel il fait ſentir ſa propre ſupériorité d'une façon très cruelle. Le Gouvernement des Nobles n'eſt, d'après l'expérience, rien moins que favorable au reſte des Citoyens, & leur déplaît ſouvent autant & plus que la Monarchie abſolue.

Sous un Gouvernement arbitraire, il n'eſt de grandeur que celle du Deſpote ; ſon ſouffle fait diſparoître les hommes les plus élevés ; ſa volonté les replonge dans la foule des Sujets ; les Grands n'y ſont que des malheureux, qui n'ont d'appui que le caprice de leur maître. En effet, ſont-ce des Nobles que des hommes que l'intérêt le plus vil met dans une dépendance continuelle ? Sont-ce des Grands, que ces valets rampants qui diſputent entre eux à qui ren

dra les services les plus bas à un maître hautain,
& pour lesquels rien n'est abject, dès qu'il mene
à la faveur? Quelles ames peuvent animer ces
Courtisans qui consentent sans cesse à dévorer
des affronts, des refus, des injustices? Quelle
élévation dans les cœurs de tant d'indignes men-
diants, de ces vils adulateurs qui, à force de
bassesses, croient acquérir le droit de mépriser
leurs Concitoyens? Dans ces hommes dégradés,
la raison ne peut voir que des esclaves qui se
vengent par leur insolence de l'opprobre dans
lequel ils sont eux-mêmes plongés. Sous un
Despote, toutes les idées se renversent; les
Grands tirent leur gloire du sein même de l'infamie; leur éclat éphémere n'en impose qu'à des
hommes plus vils qu'eux.

DANS les Gouvernements Asiatiques, où
la volonté d'un Sultan regle le sort de tous, il
n'est de rang que celui que donnent les emplois;
les titres ne passent point à la postérité, & le
fils d'un Visir rentre dans la troupe des esclaves.
Chez le Musulman superstitieux, les descendants
de son Prophete sont les seuls à qui la naissance
donne quelque prérogative. Chez le Chinois la
seule race de *Confucius* est regardée comme noble; la vénération pour ce Législateur Philoso-
phe réjaillit encore sur sa postérité: dans cet
Empire l'étude conduit seule aux dignités;
l'Empereur ennoblit les ancêtres de tout homme
qui se distingue par un mérite éclatant. Les
Européens bien moins sages que ces Asiatiques,
en faveur du nom des peres, dispensent les enfans d'être utiles, & les récompensent dès le
berceau, de services qu'ils ne rendront jamais.

§. XXVI. *Des vrais titres de la Noblesse.*

Sɪ l'utilité est le seul titre qui, aux yeux de
la raison, marque le rang des Citoyens; si le
véritable honneur consiste dans l'estime de ses
Concitoyens, méritée par des services & des
vertus; si un Gouvernement éclairé ne doit des
récompenses qu'à ses meilleurs serviteurs; si la
considération, le respect & la reconnoissance ne
sont dûs qu'à ceux qui s'en rendent dignes par
eux-mèmes & par des bienfaits réels, quels sont
les hommes que la Société regardera comme des
êtres préférables au reste de ses membres ?
Quelle idée se formera-t-elle de tant de Nobles & de Grands qui n'apportent d'autres titres que les conquêtes, les violences, les révoltes de leurs aïeux inquiets & sauvages ? Quelle considération personnelle peuvent mériter des
êtres que la faveur aveugle se plaît à distinguer
des autres ? Une Nation respectera-t-elle des
feudataires inutiles qui pendant une longue suite
de siecles ont croupi de race en race dans les
domaines de leurs ancêtres ; dont les exploits
se sont bornés à vexer impunément de timides
vassaux qui nourrissoient leur oisiveté ? Verra-t-
elle avec une reconnoissance bien fondée les descendants de quelques guerriers incommodes qui
par leurs discordes meurtrieres ont tant de fois
causé les malheurs de l'Etat ? Pourra-t-elle
regarder comme ses vrais défenseurs des troupes
mercenaires qui se rendent les instruments des
violences de leurs maîtres & qui, au lieu de servir la Patrie, ne servent que l'Usurpateur qui
l'opprime ? Enfin quel rang la raison assignera-t-
elle à tant de Courtisans avilis qui ne connoissent

d'autre Patrie, que la cour d'un maître, d'autre Loi, que son caprice, d'autres liens, que l'intérêt? Non, aux yeux du sage, un Citoyen n'est grand, que lorsqu'il sert fidélement & courageusement son pays; il ne mérite d'être distingué des autres, que lorsqu'il travaille plus utilement au bonheur de ses associés: il n'est noble que lorsqu'il a du mérite, des talents, des vertus.

§. XXVII. *Effets du préjugé de la naissance.*

L'on ne peut disconvenir que le préjugé de la naissance n'ait été dans la plupart des Gouvernemens Européens la source des abus les plus pernicieux. Un Corps d'hommes qui, sans titre que celui de la naissance, peuvent prétendre aux richesses & aux honneurs, doit nécessairement décourager les autres classes des Citoyens. Ceux qui n'ont que des aïeux n'ont aucun droit aux récompenses; les talents ne se transmettent pas avec le nom; il naît souvent dans la condition la plus obscure des hommes

Qui font tout par eux-mêmes, & rien par leurs aïeux,

V,OLT.

Le Peuple, si dédaigné par des Princes superbes, & par leurs esclaves, fournit souvent des ames plus grandes, plus généreuses, plus nobles, que cette foule dorée qui entoure les Rois. Quand des hommes n'auront besoin que d'un nom pour parvenir à tout, ils négligeront bientôt de s'instruire, ils mépriseront la science & les emplois ne seront remplis que par des favoris incapables & ignorans.

SOUVERAINS éclairés, ne demandez point à vos Sujets ce que furent leurs aïeux; voyez ce qu'ils font par eux-mêmes; encouragez, honorez, récompensez les talents perſonnels, & n'ayez point d'égard aux plaintes intéreſſées de ceux que le mérite offenſe, lorſqu'on le tire de l'obſcurité. Que l'homme utile à la Patrie ſoit noble par lui-même, quelqu'aient été ſes peres. Et vous Nobles de race! montrez par vos ſentimens élevés, vos bienfaits, vos vertus, que vous êtes vraiment nobles, & dignes du rang que vous voulez occuper.

C'EST l'éducation, & non le ſang qui forme des Citoyens capables de ſervir l'Etat. Que l'on prenne ſoin d'inſtruire les Sujets, de leur inſpirer l'amour du bien public, de ſemer la vertu dans les cœurs, & bientôt une Nation ſe remplira d'hommes qui penſeront noblement, qui agiront en héros, qui ſe diſtingueront par les ſervices réels qu'ils rendront à leur pays. Que les dignités ſoient données au concours, & que perſonne ne ſoit privé du droit de concourir au bien général. La Politique perd un de ſes plus grands reſſorts, lorſqu'elle récompenſe le hazard & donne des privileges irrévocables à des hommes qui n'ont rien fait ou qui ne feront rien d'utile à la Patrie. En un mot, la nobleſſe héréditaire ne peut être regardée que comme un abus pernicieux, qui n'eſt propre qu'à favoriſer l'indolence, la pareſſe & l'incapacité d'un ordre de Citoyens, au préjudice de tous. Peu de gens ſe mettront en peine d'acquérir du mérite & des talents, dès qu'ils feront aſſûrés que leur nom ſuffira pour les conduire aux honneurs, aux richeſſes, à la conſidération publique.

C'est un abus, c'est un délire, que de récompenser des Citoyens qui n'ont rien fait pour l'Etat ; mais, nous dira-t-on peut-être, les ancêtres de la noblesse actuelle ont utilement servi leur Patrie; mais servir un Souverain, n'est pas toujours servir la Patrie. Servir le Conquérant qui subjugue un Pays, ou prêter son bras au Tyran qui l'opprime, ne peut point passer pour des services rendus à la Patrie. En supposant néanmoins que les aïeux d'un Noble actuel aient rendu des services réels à la Société, la récompense n'est-elle point démesurée, quand elle s'étend indéfiniment à sa postérité? Si les enfants ne peuvent sans injustice être punis des fautes de leurs peres, est-il plus juste de les récompenser de leurs vertus? La récompense dégénere en un véritable abus, lorsqu'elle s'étend à ceux qui n'ont rien mérité.

Il est des Nobles, même dans les Républiques: quelque soit l'amour du Républicain pour une égalité chimérique, il ne peut s'empêcher d'assigner un rang distingué à ses Magistrats, à ses Législateurs, aux Hommes Illustres qui lui ont rendu des services. Leur vénération s'étend même à leur postérité; elle retrace aux yeux d'un Peuple reconnoissant les obligations qui l'attachent à des hommes vertueux dont le souvenir lui est cher.

Toute Noblesse est donc originairement fondée sur les services, sur les bienfaits, sur la vertu; c'est une distinction accordée par le Souverain & ratifiée par la Société à quelques Citoyens, en échange des avantages qu'ils leur procurent. Le vice, l'inutilité, l'oisiveté anéantiſſent cette diſtinction & ſont contraires à ſon eſſence. Ceux qui ſervent uniquement le Souverain dans ſes caprices & ſes paſſions, ſont des hommes vils que l'intérêt du maître peut lui faire regarder avec complaiſance, mais à qui la Nation ne doit que du mépris. Il n'y a que ceux qui ſervent leur Patrie ſous un Monarque occupé de ſon bonheur, qui ſoient vraiement illuſtres & reſpectables pour elle; toute autre diſtinction de ſa part n'eſt que le fruit du préjugé, de l'habitude ou d'une admiration ſtupide.

§. XXVIII. Des Courtiſans.

CEUX d'entre les Nobles que leurs fonctions ou la faveur du Prince approchent de ſa perſonne conſtituent une claſſe d'hommes connus ſous le nom de Courtiſans. Le Souverain combla de ſes faveurs, s'attacha plus particuliérement, honora de ſa confiance des hommes qui jouiſſoient de ſa familiarité, les ſeuls qu'il fût à portée de voir & de connoître. Ce fut parmi ces Courtiſans, que les Monarques choiſirent leurs Conſeillers, leurs Favoris, leurs Miniſtres, en un mot, ceux ſur qui ils ſe repoſerent des détails de l'adminiſtration. Tous les hommes ſont épris du deſir de dominer, d'être préférés à leurs ſemblables, d'acquérir de la conſidération & des richeſſes; la faveur du Souverain, qui conduiſoit à toutes ces choſes, devint donc l'objet de la jalouſie & des efforts des Courtiſans; chacun voulut avoir part aux bienfaits du maître, ou en devenir le diſtributeur. Rien ne fut omis pour parvenir à ce but; la flatterie la plus baſſe, les ſervices les plus honteux, les complaiſances les plus criminelles, les voies les plus infames; tout devint honorable & légitime pour des hommes avides, ambitieux & peu délicats fur les moyens de réuffir. Tout s'ennoblit; dès qu'il conduit au pouvoir. La félicité, la liberté, les poffeffions des Peuples furent les facrifices peu coûteux que le Courtifan fit toujours à fes maîtres. Une cour peut fe définir une ligue perpétuelle formée entre quelques mauvais Citoyens pour corrompre le Souverain & opprimer les Sujets. Ce font eux qui, dès l'enfance, infpirent aux Monarques des idées hautaines d'eux-mêmes & aviliffantes pour les Nations; ils leur perfuaderent que les Rois font des Dieux, devant qui les Sociétés font faites pour s'anéantir; ce font eux qui leur infinuent que leurs Sujets leur doivent tout, & qu'ils ne doivent rien à leurs Sujets; ce font eux qui leur fuggerent qu'il n'eft d'autre loi que leurs volontés; ce font eux qui les entretiennent dans la molleffe, dans l'indolence, dans l'indifférence, dans l'inhumanité; ce font eux qui rendent leurs cœurs inacceffibles aux cris des Peuples. En un mot, ce font eux qui, fûrs de partager les dépouilles des Nations, font entendre aux Monarques enivrés que la perfonne, les biens & la vie des Sujets appartiennent à leurs maîtres & dépendent de leurs caprices.

§. XXIX. *Des Miniftres.*

TOUT pouvoir dans un Etat ne s'établit qu'au préjudice d'un autre. Pour que les Miniftres, les Favoris, les Courtifans foient puiffants, il faut que le Prince foit foible. C'eft

toujours

toujours fous des Souverains endormis dans le vice, dans l'oubli de leurs devoirs, dans l'inaction, que leur pouvoir eft le plus grand. Sous des Monarques négligents, diffipés, incapables, les miniftres font defpotes, & les Peuples font les efclaves & les jouets de quelques Favoris dont les intérêts divergents déchirent perpétuellement l'Etat. Sans l'œil vigilant d'un maître qui en impofe, il ne peut y avoir ni fyftême, ni plan dans l'adminiftration; le Gouvernement devient alors une machine compofée de pieces & de refforts dont les mouvements fe contrarient. Le Miniftre qui pour fes opérations a befoin de la paix, fera contredit par celui dont l'intérêt exigera la guerre; chacun n'aura pour but que de faire échouer les projets de fon rival de faveur; très fouvent les ferviteurs du même maître font les plus cruels ennemis les uns des autres. La cour devient l'arene de leurs fureurs ouvertes ou cachées, & tôt ou tard le Souverain & l'Etat font les victimes d'une Oligarchie dangereufe.

Nous voyons en effet dans un grand nombre d'Etats le pouvoir des Miniftres s'établir fur la ruine de l'Autorité Souveraine. Les Princes font les premieres victimes de la puiffance que leur incapacité confie à des Sujets hautains qui, après s'être fervi de l'Autorité Suprême pour affervir les Peuples, exercent fur les Nations un pouvoir qu'aucun titre n'autorife. Peut-on regarder comme des Souverains véritables, ces Sultans Afiatiques que l'inertie renferme dans l'enceinte d'un Palais impénétrable, que l'ennui livre à des amufements honteux ou frivoles, que l'incapacité prive de la faculté de remplir aucun

O

de leurs devoirs? Les feuls maîtres de ces Nations font les Vifirs qui les gouvernent ; les Monarques ne font alors que des Rois titulaires,
dont l'exiftence dépend de leurs propres efclaves.

Les foins de l'adminiftration font fi variés,
fi compliqués; fes détails font fi multipliés, qu'il
eft prefque impoffible que le génie d'un feul
homme foit capable d'en embraffer l'enfemble.
Les Souverains font donc forcés de choifir parmi
leurs Sujets, des perfonnes qui partagent avec
eux le fardeau des affaires; ils leur confient une
portion de l'Autorité qu'ils ont eux-mêmes re-
çue de la Société. Si les Rois font les repréfentans de la volonté publique, les Miniftres ne
font que les repréfentants de la volonté des Rois.
Un Monarque vertueux fait qu'il eft comptable
à fes Peuples de la conduite de ceux qu'il choifit pour exercer fa puiffance: il ne peut donc
permettre que d'autres abufent en fon nom d'une
autorité dont la raifon ne fouffre pas qu'il abufe
lui-même; fes Miniftres font des Sujets, & le
Monarque eft Citoyen. Sous le Defpotifme le
Monarque eft un Dieu, & les miniftres font des
Rois; fous la Tyrannie, le monftre qui gouverne, repréfentant lui-même d'un Démon malfaifant, fe fait repréfenter à fon tour par des
bêtes auffi cruelles & fanguinaires que lui. Le
vice endurci a feul droit d'être appellé aux confeils des Tyrans; un mauvais Prince ne peut
être fervi que par des hommes qui lui reffemblent. Un Miniftre éclairé, bienfaifant, équitable eft un phénomene très rare, ou peut-être
impoffible ; dans un mauvais Gouvernement,
l'homme de bien, ou ne peut s'élever, ou a

bientôt encouru la difgrace de fon maître. Un Miniftre ambitieux & pervers redoute le mérite; il aime mieux perdre l'Etat que d'appeller aux grands emplois, un homme capable de le foutenir ou de le relever. Rien ne peut égaler la crainte ou la haine que le mérite & les grands talents infpirent à la médiocrité ou à l'ignorance en pouvoir.

Si un Monarque bien intentionné ne peut entrer lui-même dans tous les détails de l'adminiftration, il peut au moins éclairer la conduite de ceux à qui il les confie. Dès que la voix du Peuple pourra fe faire entendre, elle ne tardera guéres à faire connoître à fon Roi fi fa confiance eft bien ou mal placée. Sous un Prince équitable les Miniftres ne peuvent pas longtems abufer de leur pouvoir; ils ne tyranniferont impunément que fous un maître incapable & fous un Gouvernement arbitraire, où la Nation afervie & réduite au filence eft forcée de recevoir fans murmure les jougs multipliés qu'on voudra lui impofer; alors obligée de fe taire, de fe diffimuler à elle-même les malheurs qu'elle éprouve, elle détourne fes regards de la ruine qui la menace; elle voit avec indifférence des excès fans remedes.

Dans un Etat rien ne peut fuppléer à la vigilance du Maître; fes Miniftres font des hommes que le pouvoir met à portée de donner un libre cours à toutes leurs paffions; celle de conferver leur puiffance eft la plus forte dans ceux qui parviennent à ce rang. Pour peu que le Prince trop confiant ou trop foible ceffe de veiller fur la conduite des dépofitaires de l'Autorité,

O 2

le bonheur de l'Etat eſt bientôt ſacrifié à leurs intérêts particuliers, & ſa Cour devient l'arene où leurs paſſions diſcordantes ſe livreront des combats, dont la Nation eſt toujours la victime. Au milieu de ces diſſenſions le bien public eſt négligé ; l'Etat devient le jouet de quelques intriguants ambitieux qui tour - à - tour s'arrachent le pouvoir & ne s'occupent qu'à s'entre - détruire. Ces excès, que le Monarque ſeul peut réprimer, deviennent ſans remedes, lorſqu'il eſt incapable ou gouverné.

QUELQU'AMOUR qu'un Monarque ait pour ſes Peuples, ils ſeront malheureux, s'il ceſſe de les gouverner lui - même : comment connoîtroit-il leurs maux, ſi des Miniſtres perfides les lui déguiſent, & lui cachent l'abîme dans lequel leur noirceur, leur imprudence, leur folie ſont prêtes à le précipiter ? Plus les Monarques ſont foibles, plus leurs Miniſtres ſont puiſſants. Sous de tels maîtres, les Peuples ſont ſouvent plus malheureux que ſous un Tyran décidé. Les vices de celui - ci s'étendent rarement au - delà de la ſphere qui l'environne ; les Courtiſans qui l'entourent, les Favoris & les Miniſtres qui l'approchent, ſont communément les ſeules victimes d'une méchanceté qu'ils ont nourrie. Sous un Monarque ſans vigueur la Tyrannie ſe multiplie, & la Nation finit par devenir la proie d'un tas d'hommes intéreſſés au déſordre. Les Rois les plus humains deviennent des oppreſſeurs, lorſqu'ils ſouffrent que leurs Miniſtres oppriment. Les Peuples ne ſont - ils pas en droit de déteſter comme des Tyrans, ceux qui ne daignent point remédier à la tyrannie ? Des Miniſtres pervers

brifent les liens qui uniffent les Sujets à leurs
Maîtres. Les Monarques font refponfables des
excès de ceux qui gouvernent en leur nom. „ Les
„ Miniftres, difoit un Roi de Perfe, font les
„ mains des Rois, les hommes ne jugent que
„ par eux du Souverain qui les gouverne. Il
„ faut qu'un Roi ait les yeux inceffamment ou-
„ verts fur leur conduite; en vain rejetteroit-il
„ fes fautes fur eux au jour où les Peuples fe
„ fouleveront contre lui, il reffembleroit alors
„ à un affaffin, qui s'excuferoit devant fes juges,
„ en difant que ce n'eft point lui, mais fon épée
„ qui a commis le crime.

La fermeté & la vigilance du Monarque peuvent donc feules contenir les paffions de fes Miniftres. Il doit les empêcher de perdre de vue
les intérêts de fes Peuples; il doit étouffer leurs
cabales & leurs intrigues : leurs menées font inutiles fous le Prince qui regne par lui-même.
Eft-ce pour être gouvernées par quelques Sujets
convertis en tyrans, que les Nations ont con-
fenti à remettre leurs deftinées entre les mains
d'un feul homme? En fe foumettant au Pouvoir
Monarchique, les Peuples ont-ils voulu vivre
fous une Oligarchie dangereufe? Les Rois eux-
mêmes auroient-ils le deffein de confier leur
autorité à des Citoyens capables d'aliéner d'eux
les cœurs de leurs Sujets, de les rendre odieux à
leurs Peuples, d'imprimer fur leurs fronts le figne
de l'infamie aux yeux de la poftérité? Un Prince
pourroit-il confentir que les tréfors, les graces
& les diftinctions de la Société ne ferviffent à
récompenfer que les baffeffes de gens dont le
mérite unique eft de plaire à quelques-uns de
fes efclaves? O 3

Si des Monarques abfolus regardent leurs E-
tats comme leur patrimoine, qu'ils veillent au
moins à ce que leurs biens ne foient point livrés
au pillage. Dès que le Souverain fe montre in-
fenfible au bien-être de fon Etat, fes Miniftres
bientôt négligeront de s'en occuper ; peu jaloux
de l'opinion des autres hommes, ils ne fongeront
qu'aux plaifirs, à la diffipation, à leurs propres
affaires. Qu'importe que l'Etat périffe, pourvû
qu'ils fachent profiter de fes dépouilles. L'indifférence du maître rend tous fes Miniftres indifférents. Uniquement occupés du moment, ils
refuferont de porter leurs regards fur l'avenir.
Ainfi bientôt tout tombera dans la décadence.
L'honneur eft l'unique mobile du Miniftre ; ceffe-
t-il de craindre l'opinion publique ? eft-il infen-
fible à la gloire ? eft-il dépourvu de juftice &
d'humanité ? Eh bien ; il deviendra un Tyran
fans pudeur. Dès que le reffort de l'honneur
eft amorti dans fon cœur, il ne lui refte plus
qu'une crainte fervile. Sous un Prince incapable, le Miniftre n'a que fes pareils à craindre;
tout Souverain peu foigneux de fa gloire n'eft
fervi que par des intriguants qui facrifient & le
Souverain & le Peuple à l'intérêt du moment.

§. XXX. *Devoirs & Fonctions des Miniftres.*

Quelque foit la forme du Gouvernement,
les Miniftres appartiennent bien plus à la Nation
qu'à fon Chef. Ils ne peuvent avoir de fonctions
plus fublimes que celle de médiateurs & d'inter-
prètes entre les Peuples & les Souverains. Ils
feront connoître leurs befoins au Monarque qui
ne peut étendre fes regards fur toutes les par-

ties d'un grand Empire: ils lui porteront les
vœux de ses Sujets, qu'une distance trop grande
peut les empêcher d'entendre. Les Rois doivent
être affligés, lorsque leurs Peuples sont malheureux; ils sont faits pour trembler, lorsqu'ils sont
opprimés. Loin de leur déguiser les plaies de
leurs Etats; loin de les endormir dans une sécurité fatale que la ruine suit communément, des
Ministres fideles leur parleront avec courage;
ils les allarmeront, s'il le faut; ils exciteront
leurs remords. Le Ministre cesseroit-il d'être
Citoyen pour devenir esclave? N'est il plus intéressé à la félicité publique, à la liberté de son
pays? N'a-t-il pas à craindre les revers & les
fureurs d'un maître qu'il auroit rendu despotique?
Un Ministre qui travaille à faire un Tyran du
Souverain, ne tarde pas à être puni lui-même
par un ingrat qui ne suit que ses passions ou celles
qu'on lui suggere.

Plus à portée que son maître de connoître
les hommes & leurs talents, d'entendre la voix
Publique, de voir les besoins des Peuples, le Ministre fidele présentera aux pieds du trône l'inno-
cence opprimée, la vertu négligée, le mérite toujours modeste & timide. En un mot, il stipulera
pour les Peuples; ils soutiendra leurs Loix, il
défendra leur Liberté. De tels Ministres occupe-
ront dans les cœurs de leurs Concitoyens, un rang
bien plus distingué, que celui que la faveur peut
donner & ravir. Un Ministre ne stipule-t-il
pas ses propres intérêts, quand il prend en main
la cause de sa Nation?

§. XXXI. *Corruption des Cours.*

GRANDE & libre dans ses domaines, la Noblesse s'avilit & s'asservit communément à la Cour. Si le trône est la source de son lustre idéal, il devient bientôt pour elle l'instrument de la corruption & de la servitude réelle. Le Noble attiré près du Monarque par sa vanité, par l'espérance des plaisirs, du crédit, de la faveur, quitte le paisible héritage de ses peres où il pouvoit faire du bien, se faire aimer, considérer, respecter, pour se faire mépriser; bientôt, à l'exemple de la foule qui l'entoure, il se plonge dans l'oisiveté, dans le luxe, dans la dépense; de libre qu'il étoit, il tombe dans la dépendance; ses richesses une fois épuisées, le besoin des plaisirs couteux devenus nécessaires à son imagination enivrée, & surtout les besoins insatiables de sa vanité l'enchaînent aux pieds du Despote, qui parvient à lui persuader qu'il est honorable de dépendre & de ramper. Le comble de l'avilissement est de se glorifier de ses fers.

LA Politique du Despotisme fut toujours d'inspirer de la vanité aux Grands, de les exciter à se ruiner, afin d'en faire des mendians. Il est aisé de dompter & d'asservir des hommes qui sont dans le besoin. Comment trouver de la grandeur d'ame, de la force, de la vertu dans des hommes ruinés, endettés & qui craignent la misere? Il faut consentir à ramper devant les distributeurs des graces; il faut pour la fortune renoncer à la vertu. Les Princes qui voulurent exercer un pouvoir absolu furent, par des préférences, par des distinctions souvent frivoles ou peu couteuſes, & même par des bienſaits réels, aiguillonner la vanité, l'émulation, la jalouſie de ceux qui les entouroient. Un Deſpote ne voit qu'avec peine, des Grands qui ne demandent rien; il veut que tout dépende; l'intérêt met dans ſes fers, ceux que la terreur n'avoit point ſubjugués: toujours inquiet & ſoupçonneux, il veut avoir ſous les yeux des ôtages qui lui répondent de leur propre dévouement. D'ailleurs il prétend que tout ce qui l'approche devienne plus ſacré, plus reſpectable pour ſes Peuples. Il préfère ſouvent le vil Eunuque qui lui rend les ſervices les plus bas, au guerrier courageux qui commande ſes armées.

Si l'intérêt eſt le Dieu des Courtiſans, la jalouſie eſt leur bourreau: la faveur du Prince eſt pour eux une vraie pomme de diſcorde qui devient le prix de la ruſe. Delà ces intrigues éternelles; delà ces complôts perfides pour écarter ceux que la confiance du Monarque ſemble diſtinguer des autres: delà ces calomnies, ces trahiſons, ces trames pour anéantir les hommes que ſon choix veut élever, ou pour détruire ceux auxquels il a confié ſon pouvoir. Ce ſont ces menées redoutables qui effraient & ébranlent ſouvent la probité des Miniſtres: elles ont lieu ſur-tout ſous ces Monarques incapables de juger par eux-mêmes, ou trop indolents pour chercher la vérité; ceux-ci ne prêtent que trop ſouvent l'oreille à l'impoſture, & détruiſent ſans examen les objets que pourſuit l'envie, la vengeance & l'artifice. Des hommes qu'un vil intérêt guide ſont ordinairement ligués contre le mérite, & s'efforcent de lui arracher le pouvoir.

Le Courtifan accoutumé à l'oifiveté, au défordre, à l'intrigue, craint la vigilance, le retour
de l'ordre & les regards pénétrants de la fageſſe;
le mérite revêtu du pouvoir lui fait toujours
ombrage; ſemblable à ces ſerviteurs qui tirent
tout le fruit des déréglements, des profuſions,
& des vices de leurs Maîtres, rien ne lui paroît
plus redoutable que l'intégrité d'un Miniſtre qui
chercheroit à rétablir l'économie & la regle, ou
qui conſulte l'équité dans la diſtribution des
graces.

CEPENDANT le Courtifan eſt un Protée: ſa
ſoupleſſe lui fait prendre ſans peine toutes les
formes qu'il plaît au Souverain de lui donner.
Il ne tiendroit qu'au Prince d'en faire même un
Citoyen. Si les regards du Maître ne montroient
au crime que de l'indignation & de la ſévérité,
le Courtifan affeCteroit au moins des vertus; ſi
ſes yeux marquoient de l'averſion & du mépris à
l'ignorance, à la frivolité, au vice, le Courti-
ſan chercheroit à s'inſtruire & affeCteroit la
probité. Un Prince peut à ſon gré & d'un clin
d'œil changer la face de ſa cour; elle ne peut
être corrompue ſous un Monarque vertueux.

CE n'eſt que ſous des Princes fainéants, que
les Courtiſans & les mauvais Miniſtres exercent
en liberté leurs cabales, & leurs méchancetés.
C'eſt alors que les Nations & les Souverains deviennent la proie de ces hommes pervers également dangereux pour le Maître qu'ils corrompent,
& pour les Peuples qu'ils oppriment.

TELS ſont pour l'ordinaire ces hommes révérés des Peuples, objets de l'envie de la Noblesse, de la faveur des Rois, des soupçons & des craintes de leurs semblables. Tels sont ces mortels que l'on appelle *Grands*, & qui ne s'élèvent qu'à force de ramper; qui ne travaillent au Despotisme du maître, que pour exercer impunément leurs propres passions; qui ne font un Dieu du Souverain, que pour écraser ses Sujets. Telles sont ces ames endurcies qui, du faîte de la grandeur, du sein de l'abondance & du luxe, insultent aux pleurs des Nations dont ils partagent les dépouilles, & laissent à peine tomber leurs regards sur l'indigence laborieuse qui nourrit leur vanité. C'est pour récompenser leurs vices & leur inutilité, que les Rois, toujours pauvres au sein même de l'opulence, prodiguent les trésors des Nations; celles-ci travaillent sans relâche pour réchauffer dans leur sein des serpents qui les rongent sans pitié. Les Courtisans & les Grands regardent toujours la Nation comme un pays conquis dont le pillage leur appartient.

VOILÀ les services importants que le Courtisan rend à la Société dont il est membre; il se persuade qu'elle ne peut payer trop chérement son assiduité auprès d'un maître qu'il s'efforce d'aveugler & de pervertir. Mais souvent le colosse qu'il a trop élevé retombe sur sa tête. Jouet perpétuel de l'inconstance & de l'intrigue, il est souvent écrasé par l'idole qu'il encense. Chez ces Despotes que la flatterie égale aux Dieux, les Ministres & les Grands disparoissent à chaque instant & sont précipités dans la poussiere; ils sont à leur tour les victimes de la Tyrannie qu'ils ont alimentée. Plongé dans la disgrace, le Courtifan s'apperçoit trop tard que la liberté publique qu'il a contribué à détruire, étoit un rempart qui eût pu le garantir lui-même. Si les Courtifans n'étoient des lâches, les Peuples feroient libres & l'on ne verroit point de Tyrans.

§. XXXII. *De la Magiftrature.*

Tout Souverain doit la juftice à fes Sujets, foit par lui-même, foit par l'organe de ceux qui la rendent pour lui, au nom de la Société dont il tient fon pouvoir. Dans toutes les Sociétés, les Magiftrats forment un ordre de Citoyens que l'utilité de leurs fonctions doit diftinguer. On appelle *Magiftrats* ceux qui dans chaque Gouvernement font chargés de juger leurs Concitoyens, de veiller à l'obfervation des Loix, en un mot, de maintenir l'ordre & la tranquillité. Les Souverains, fur-tout dans les grandes Sociétés, ne pouvant par eux-mêmes rendre la juftice à tous leurs Sujets, font obligés de confier une portion de leur pouvoir à quelques Citoyens plus éclairés & plus inftruits que les autres, qui, devenus les organes des Loix, décident leurs différends, affûrent leurs perfonnes & leurs biens, répriment la violence, font exécuter les volontés publiques, & infligent aux infracteurs des Loix les châtiments qu'ils méritent. Ainfi dans chaque Etat, l'Autorité du Magiftrat eft une émanation de l'Autorité Souveraine, qui repréfente celle de la Société. De même que le Souverain n'a point le droit de faire des Loix injuftes, & ne peut qu'étendre, appliquer & interpréter les Loix de la Nature, les Magiftrats, fimples exécuteurs des volontés publiques, ne

peuvent qu'appliquer les Loix établies aux circonſtances particulieres: ils n'ont aucunement le
droit de les interpréter d'une façon arbitraire.
Ils n'ont pas celui de faire des Loix; ils n'exercent point le pouvoir légiſlatif, ils ne ſont que
chargés d'une portion de la puiſſance exécutrice,
déterminée ſoit par l'uſage, ſoit par des regles
expreſſes, ſoit par la droite raiſon, & l'intérêt
de l'Etat.

Des fonctions ſi nobles exigent de ceux qui
les exercent des connoiſſances profondes, une
raiſon exempte de paſſions, une équité impartiale. Une Société fort étendue, renfermant un
grand nombre d'individus, ſes mouvements deviennent plus compliqués, & les circonſtances
des Citoyens doivent varier à l'infini. Cette
variété exigeroit, pour ainſi dire, une loi nouvelle pour chaque circonſtance particuliere; c'eſt
pour remédier à cet inconvénient, que les Magiſtrats reçoivent de l'Autorité Publique, la faculté d'expliquer la Loi & de l'appliquer d'après
des maximes raiſonnables fondées ſur l'utilité
générale.

La méditation, la juſteſſe de l'eſprit, & ſur-
tout la droiture du cœur peuvent ſeules faire un
Miniſtre des Loix. L'homme frivole ou vicieux
ne ſera jamais un Magiſtrat integre. Il faut de
la pénétration & de la réflexion pour percer les
voiles dont les paſſions des hommes cherchent
à s'envelopper; la connoiſſance du cœur humain
& des droits naturels à l'homme eſt indiſpenſable
pour un juge; étude longue & ſouvent trop
négligée par ceux qui jugent les hommes! Il n'y

a que la probité éclairée par l'expérience qui puisse indiquer la juste maniere d'appliquer les regles qui, sous les Gouvernements les plus sages, ne peuvent être que générales & vagues. Si la Législation n'est faite que pour appliquer les Loix de notre nature, il est important de connoître ces Loix primitives qui découlent de la nature de l'homme.

Sous un Gouvernement équitable, les Ma- gistrats soumis à des Loix uniformes, à des re- gles constantes, à des formes invariables, exer- cent, sans obstacles, leurs utiles fonctions. Cito- yens eux-mêmes, ils connoissent les vœux des Citoyens; à portée de voir de près les besoins des Peuples, au défaut des Représentans de la Nation, c'est dans leur bouche qu'un Souverain vertueux cherchera la vérité toujours méconnue ou déguisée par des Ministres ambitieux, par des Courtisans flatteurs, par des Grands qui trop souvent se mettent au-dessus des Loix. Quand même les Loix fondamentales de la Société n'au- roient point lié les mains du Monarque, par prudence il consultera des Citoyens expérimen- tés qui peuvent lui faire connoître les inconvé- nients résultants souvent des démarches même dictées par les intentions les plus pures. Dans les pays où la volonté expresse de la Société ne s'est point réservé une portion du Pouvoir Sou- verain, & où la Nation ne s'est point fait repré- senter par un Corps permanent, la Magistra- ture, jouissant de la confiance des Peuples, est instruite de leurs besoins & des abus dont ils souffrent. Elle devient, tout naturellement & d'elle-même un rempart, toujours nécessaire entre l'Autorité Suprême & la Liberté des Sujets. Les Peuples prennent des idées favorables de ceux qui sont chargés de leur rendre la justice; ils esperent trouver en eux plus d'équité que dans le Souverain, dans ses Ministres, ses Favoris dont trop souvent ils n'éprouvent que les violences: la voix du Magistrat est alors le seul moyen qui reste au Monarque pour connoître le vœu de sa Nation, qu'il ne peut jamais étouffer sans crime & sans danger.

Ainsi dans tout Gouvernement, le Magistrat doit occuper un rang honorable & distingué; il doit être respecté par ses Concitoyens qui en éprouvent l'utilité; il mérite les égards du Souverain qui se respecte lui-même dans la personne des Magistrats qui parlent en son nom & en celui de la Société. Mais ce n'est point à la place que cette distinction est due. L'estime & les récompenses ne peuvent appartenir qu'à ceux qui servent la Nation. Un attachement inviolable à la justice, une connoissance profonde des Loix, une vigilance continuelle, un amour inaltérable du bien public font les qualités en échange desquelles les Peuples sont convenus d'accorder leur vénération & leur tendresse à ceux que leurs fonctions élevent au-dessus d'eux. Ce seroit une vanité puérile que de prétendre aux prérogatives d'un Etat, quand on en est indigne, ou quand on néglige d'en remplir les devoirs. Pour être respectable, il faut que le Magistrat se respecte lui-même. Comment conservera-t-il les mœurs publiques, si les siennes sont dépravées? De quel front punira-t-il, au nom de la Société, des excès dont il est complice lui-même? Aura-t-il le courage de décider de la vie, des biens, de la félicité de ses Concitoyens, lorsque la dissipation aura rempli des moments qu'il devoit à l'étude & à l'examen sérieux de leurs droits? Comment sera-t-il juste, lorsque rampant sous le crédit, la faveur dictera ses arrêts? Parlera-t-il au nom des Peuples, lorsqu'il ignorera les besoins, les desirs & les droits de la Société?

Sous le Despotisme, les Magistrats soumis aux caprices d'une volonté changeante & corrompue, ne peuvent suivre de regles ni de formes certaines: des Loix versatiles & passageres ne demandent pour être exécutées, que des esclaves aveugles, ignorants, complaisants. Il n'est besoin, ni de lumieres, ni de talents pour être les instruments de la Tyrannie. L'Etude des Loix est superflue dans un pays où la fantaisie soutenue de la force est la seule Loi que l'on connoisse, où la faveur est le seul objet de tous les vœux, où la terreur réduit toutes les bouches au silence. Plus les Peuples sont libres, plus les Magistrats sont respectés des Sujets & considérés des Souverains. Sous un maître absolu, tous les esclaves sont égaux; s'il en distingue quelques-uns, ce sont uniquement ceux qui appuient son pouvoir: les Loix lui déplaisent, ainsi que les hommes qui en sont les organes: les forces qui mettent une digue au torrent de ses volontés, lui paroissent incommodes; une justice austere est odieuse à ses Ministres & à ses Courtisans. Le Despotisme veut selon sa fantaisie créer le juste & l'injuste, élever & détruire, sauver ses Favoris coupables & perdre ses ennemis innocents: il n'est

content,

content, que lorfqu'il a renverfé & les loix; & les formes, & les autels de la juftice; il ne voit pas dans fa folie, qu'il s'expofe lui-même aux attentats les plus terribles, & que les ruines du temple de l'équité écrafent en même tems, & le Tyran, & fes efclaves.

§. XXXIII. *Des Miniftres de la Religion.*

Il eft encore parmi les Sujets d'un Etat un ordre d'hommes qui par le rang qu'il occupe, par l'opinion des Peuples, & par fes prétentions, mérite toute l'attention du Gouvernement, c'eft le *Clergé.* Cet ordre qui fait defcendre du ciel fes prérogatives & fes droits, a fouvent commandé aux Souverains mêmes & décidé du fort des Nations.

Il fut des tems où les Rois oppoferent le Sacerdoce à la puiffance exorbitante des Guerriers, des Grands & des Nobles devenus trop formidables à l'Autorité Souveraine. Ce fut cette Politique, autant que la dévotion des Princes, qui augmenta les droits, les revenus & la puiffance des Prêtres. Les guides fpirituels des Peuples devinrent des feudataires, & même des Souverains temporels; ils occuperent fans difpute le premier rang parmi des Citoyens avec lefquels leur orgueil ne leur permit pas de fe confondre. Dans quelques pays; ils eurent des Soldats, & fouvent ils exercerent des jurifdictions, des fonctions & des droits incompatibles avec leur inftitution primitive. Deftinés par état à la paix, à l'inftruction, ils devinrent guerriers; voués à la pauvreté, ils nagerent dans l'opulence; faits pour ne s'occuper que du ciel, ils se mêlerent sans cesse des affaires de ce monde. En un mot, ils présenterent à la terre le spectacle étonnant d'une foule de Princes qui se donnerent pour les successeurs d'hommes pauvres par principes & ennemis des richesses. Que dis-je? Enorgueillis de leur pouvoir ils l'étendirent sur les Rois mêmes, & pendant une longue suite de siecles ils troublerent impunément des Nations aveuglément soumises à leurs décisions impérieuses.

No u s n'examinerons point ici l'authenticité des titres, ni les fondements des prétentions des Ministres du ciel; nous nous contenterons d'observer que sur la terre tous les membres d'une Société en sont nécessairement les Sujets, que tous doivent être également soumis à l'Autorité & aux Loix, qui sont l'expression des volontés publiques: que tous doivent concourir proportionnellement aux avantages dont ils jouissent, au bien-être, au soutien, à la prospérité de l'Etat dont ils ressentent les bienfaits: tous doivent consentir à partager les calamités ainsi que le bonheur qu'il éprouve. On est homme avant d'être Religieux, on est Citoyen avant d'être Prêtre. Nulle Loi du ciel ne peut autoriser des Citoyens à se souftraire à des Loix faites pour tous, à se séparer des intérêts d'une Société qui protege, qui fournit la subsistance, qui procure la sûreté, l'abondance, les honneurs.

Dès qu'une Nation croit un culte ou des opinions nécessaires à son bonheur, elle veut, sans doute, que les hommes chargés d'en remplir les fonctions & d'annoncer fes dogmes foient payés de leurs fervices ; le falaire & les récompenfes fe proportionnent aux befoins que l'on croit en avoir, ou à l'idée que l'on fe forme des avantages que procurent les Miniftres de la Religion, en un mot, à la vénération que les Peuples ont pour eux. Plus les hommes font grosfiers, & plus ils font fuperftitieux ; plus le Dieu eft terrible, plus fes Miniftres font honorés. L'expérience de tous les tems nous prouve que ce fut toujours dans les Sociétés les moins éclairées que les Prêtres eurent le plus d'afcendant ; c'eft toujours en raifon de leur ignorance, que les hommes ont accumulé fur les membres au Clergé les richeffes, les bienfaits, les honneurs. L'utilité de ces hommes facrés n'eft fondée que fur les opinions, fur les craintes des Nations. Les idées des Peuples, fujettes à des variations, ont fait varier le fort des Miniftres des autels. Ainfi les Sociétés politiques, ou les dépofitaires de leur pouvoir furent toujours en droit de proportionner les récompenfes & les bienfaits aux idées de la Nation, c'eft-à-dire aux befoins qu'elle en eut, ou qu'elle crut en avoir. Une Nation n'eut deffein d'encourager, ou de récompenfer l'oifiveté, que lorfqu'elle s'imagina que cette oifiveté lui étoit profitable. Quand revenue de fes préjugés, elle s'apperçoit qu'elle s'eft trompée, quand ouvrant les yeux elle renonce aux opinions qui avoient féduit fes peres, qui peut douter qu'elle n'ait le droit de retirer fes bienfaits, de réclamer contre l'ouvrage de la féduction, en un mot, de revenir fur les démarches imprudentes dont elle fent les inconvénients? La raifon ne permet donc pas de douter que la

Société, ou l'Autorité qui la repréfente, n'aient le droit de difpofer des poffeffions du Clergé de la maniere la plus utile pour les Peuples & la plus conforme à leur façon de penfer, & à leurs befoins actuels. Ces biens n'ont été donnés que fous des conditions & par des motifs fujets à difparoître; alors nulle prefcription ne peut en affûrer la poffeffion à ceux qui en abufent, en devenant inutiles ou nuifibles à l'Etat; la Nation rentre alors dans fes droits; elle peut reprendre des biens que le délire feul lui a fait aliéner.

Il n'eft pas moins évident que l'Autorité Suprême a droit de commander indiftinctement à tous les Citoyens, de réprimer leurs excès, de les punir fuivant les Loix : il eft contre l'effence de la Société de permettre à quelques-uns de fes membres de lui nuire & de la déchirer impunément; elle feroit dans le délire, fi elle réchauffoit dans fon fein des enfants ingrats qui, contents de fe nourrir de fa fubfiftance, refuferoient de la fecourir elle-même dans fes befoins.

Dans prefque toutes les Nations Européennes, le Sacerdoce forme, dans le fein de l'Etat, un corps féparé de l'Etat qui refufe d'en dépendre, qui fuit des Loix différentes de celles qui commandent au refte des Citoyens, qui préfere l'autorité d'un Chef de fon ordre à celle des Souverains & des Nations, enfin dont la Légiflation & les maximes font fouvent en contradiction avec celles de la Société. Des exemples fans nombre ont de tout tems prouvé les inconvénients réfultants de l'efprit de ce corps infociable; mais le préjugé victorieux ferme fouvent les yeux des Souverains & des Peuples fur leurs intérêts les plus vrais; ils fe croiroient impies & facrileges s'ils touchoient à la perfonne ou aux poffeffions d'un ordre d'hommes inutiles que l'oifiveté rend fouvent vicieux, que l'opulence enorgueillit & que l'impunité rend téméraires. L'Etat doit être maître du Clergé; le Clergé ne doit jamais être le maître de l'Etat.

Si ces maximes paroiffent révoltantes à ces hommes hautains dont les droits n'ont que la crédulité pour bafe, dont le préjugé feul fait récompenfer l'oifiveté, on leur dira que la faine Politique ne foufcrit point à leurs prétentions faftueufes; que les Peuples guéris de leurs erreurs font en droit de payer moins chérement les prétendus fervices que leurs Prêtres leur rendent. S'ils refufoient de reconnoître les droits de la Société dont ils reçoivent les bienfaits, ne feroit-elle pas en droit de les renvoyer pour leur fubfiftance à ces Dieux dont ils difent que leurs droits font émanés? Comment devroit-elle fes récompenfes ou fon eftime à des parafites qui ne s'attachent à l'Etat que pour le dévorer & le troubler?

Quel découragement pour tous les Citoyens utiles & pour les cultivateurs laborieux que de voir des effaims de cénobites & de moines pareffeux, fans aucun travail avantageux pour les Nations, fe nourrir du miel préparé par leurs Concitoyens, & fondés fur des droits ufurpés par l'impofture, les foumettre à des impôts onéreux! Le laboureur ira-t-il défricher des terres incultes pour s'impofer la néceffité de payer le produit le plus clair à des hommes avides qui ne font rien ni pour l'Etat ni pour lui? P 3

Quelque rang qu'occupe le Sujet, s'il veut être réputé Citoyen, il doit obéir à l'autorité de l'Etat, & lui procurer des avantages, ils ne mérite des diftinctions qu'autant qu'il fert la Société. Le rang, la confidération, les privileges, les richeffes, font des récompenfes que les Nations ne peuvent fans folie accorder que pour leur bien; les diftinctions font des abus, dès qu'elles font ravies aux fervices, aux talents, & données au hazard, à la brigue, au préjugé. Une Nation eft-la victime de l'erreur, dès qu'elle confidere des hommes ou des corps qui ne lui font d'aucune utilité. Le Souverain en eft, fans doute, le Citoyen le plus refpectable, lorfqu'il lui procure le plus de bonheur. Le Cultivateur, l'Artifan, le Commerçant, l'homme de lettres, lui feront chers, lorfqu'ils travailleront à fon bien-être. Le Miniftre, le Guerrier, le Noble, le Repréfentant en feront confidérés, lorfqu'ils veilleront à fa fûreté. Elle refpectera fes Magiftrats, parce que leurs fonctions lui feront toujours avantageufes; elle ne confidérera & n'enrichira fes Prêtres, qu'autant que fes préjugés les lui rendront néceffaires.

Le regne de l'opinion ne peut durer, qu'autant que les hommes feront ignorants; dès qu'ils feront plus raifonnables ils abandonneront leurs chimeres. Dans l'enfance des Sociétés, des Peuples crédules ont befoin de fables, & de merveilles, & font le plus grand cas de ceux qui les débitent; mais peu-à-peu ces puérilités difparoiffent pour faire place à des objets plus importans. Des Princes fans lumieres & fans vertus ont cru trouver une très grande utilité dans les opinions reli-

gieufes, parce qu'ils les jugeoient propres à fortifier leur pouvoir dans l'efprit de leurs Sujets:
des Souverains plus fages & plus équitables fau-
ront que le menfonge n'eft bon à rien; ils verront que de bonnes loix, des bienfaits réels,
une adminiftration vigilante les feront régner plus
fûrement fur des hommes que toutes les rêveries
& les hypothefes de la Superftition. Le Sacerdoce, qui mille fois a troublé le repos des Empires, n'eft utile qu'aux Tyrans qu'il couvre de
l'Egide de la Divinité: il eft inutile aux bons
Princes qui n'ont rien à redouter: il eft inutile
à tous les Citoyens raifonnables qui trouvent dans
la raifon·un guide bien plus fidele que dans les
doctrines obfcures, les myfteres & les énigmes
des Prêtres. Un Trône fondé fur les autels peut
être inceffamment ébranlé par les Miniftres des
autels; un Trône établi fur la juftice, fur la
bonté, fur l'affection des Peuples ne peut point
être ébranlé.

Le Souverain & les Sujets ont les mêmes intérêts qui jamais, fans péril pour le corps politique,
ne peuvent fe divifer. Le bonheur d'un Etat
& fa vigueur dépendent de l'accord & de l'harmonie du chef & de fes membres. Le Prince
ne peut être heureux & puiffant qu'à la tête d'un
Peuple content. Les Sujets ne peuvent obtenir
le bonheur, qu'en réuniffant de bonne foi tous
leurs efforts pour fe procurer les biens qu'ils defirent, ou pour repouffer les dangers qu'ils ont
à craindre. Cependant par un effet de l'ignorance des principes les plus clairs de la Politique,
on voit prefqu'en tout Pays les Souverains faire
bande à part & fe faire des intérêts totalement

contraires à ceux des Peuples qu'ils gouvernent. Delà réfultent tous les maux du Defpotifme & de la Tyrannie, qui finiffent tôt ou tard par enfevelir & les Souverains & les Sujets fous les ruines de l'Etat. La plupart des Sociétés nous montrent des corps monftrueux dont les chefs & les membres ne tiennent point les uns aux autres, ou ne s'accordent dans aucuns de leurs mouvements. Les Princes femblent former le projet impraticable de fe rendre heureux tout feuls en rendant leurs Sujets malheureux: ceux-ci divifés en des claffes diverfes qui fe haïffent, fe méprifent ou s'envient réciproquement, ne travaillent point de concert & n'offrent aucune réfiftance aux coups de la Tyrannie. Chaque claffe de Citoyens fait un corps à part dont les membres font continuellement en difcorde. La Nobleffe orgueilleufe rougiroit de faire caufe commune avec le Peuple qu'elle dédaigne. Le Guerrier, ligué avec le Prince, ne croit avoir aucun lien qui l'attache à fes Concitoyens. Le Clergé détaché de ce monde, c'eft-à-dire des nœuds de la Société, ne fonge qu'à maintenir fes droits ufurpés fur les Peuples & les Souverains. Par cette divifion funefte les Nations deviennent une proie facile pour le Defpotifme qui les dévore. Tout corps qui fépare fes intérêts de ceux de la Nation, fera tôt ou tard fubjugué. Tout Citoyen qui fe fépare de fes Concitoyens, mérite d'être un efclave.

FIN DU TOME PREMIER.

www.ingramcontent.com/pod-product-compliance
Lightning Source LLC
Chambersburg PA
CBHW061012280326
41935CB00009B/940